Anregungen für den
Literaturunterricht

PEGASUS
KLETT

Herausgegeben von Dietrich Steinbach

Siegmund Geisler/ Andreas Winkler

Entgrenzte Wirklichkeit

E.T.A. Hoffmann: Der Goldne Topf

Ludwig Tieck: Der blonde Eckbert

Ernst Klett Verlag

Anregungen für den Literaturunterricht
Pegasus Klett

Siegmund Geisler/Andreas Winkler
Entgrenzte Wirklichkeit

Textausgaben in der Reihe ‚Editionen‘, nach denen zitiert wird:
E. T. A Hoffmann: Der Goldne Topf. Stuttgart 1983. Klettbuch 35165
Ludwig Tieck: Der blonde Eckbert. In: Erzählungen der Romantik. Stuttgart 1981. Klett-
    buch 3549

CIP-Kurztitelaufnahme der Deutschen Bibliothek

Geisler, Siegmund:
Entgrenzte Wirklichkeit: E. T. A. Hoffmann: Der Goldne Topf; Ludwig Tieck: Der blonde
Eckbert / Siegmund Geisler; Andreas Winkler. – 1. Aufl. – Stuttgart: Klett, 1987.
    (Anregungen für den Literaturunterricht)
    (Pegasus Klett)
    ISBN 3-12-399090-7
NE: Winkler, Andreas:

ISBN 3-12-399090-7

1. Auflage   1 ^{5} ^{4} ^{3} ^{2} ^{1} | 1991 90 89 88 87

Die letzte Zahl bezeichnet das Jahr dieses Druckes.
© Ernst Klett Verlage GmbH u. Co. KG, Stuttgart 1987.
Alle Rechte vorbehalten.
Satz: Bibliomania GmbH, Frankfurt am Main
Druck: Herzogsche Druckerei, Stuttgart

Inhaltsverzeichnis

Vorbemerkung

Die Konzeption der vorliegenden Untersuchung soll es dem Lehrer nicht nur ermöglichen, eine sachangemessene Interpretation der beiden Einzelwerke im Unterricht zu gestalten. Es sollen auch Vorbedingungen geschaffen werden, über diese beiden Einzelwerke hinaus sich in die romantische Dichtung allgemein einzuarbeiten. Der vorliegende Band ist somit einerseits für die Arbeit in Grundkursen, andererseits aber auch für die Behandlung in Leistungskursen gedacht, je nachdem, ob über eine Analyse der beiden Märchen hinaus in die Theorie eingeführt werden soll, wozu insbesondere die Kapitel IV und V einen Anreiz bieten, aber auch die Unterkapitel 3 bis 5 des II. und III. Kapitels. Damit erweist sich der Weg der Untersuchung und der des Unterrichts als ein induktiver; denn von den beiden Werken — ‚Der Goldne Topf‘ und ‚Der blonde Eckbert‘ — ausgehend, können spezifische Probleme der romantischen Theorie bearbeitet werden.

Sollte dieser Weg nicht beschritten werden, so können insbesondere mit Hilfe der Unterkapitel 1 und 2 aus den Kapiteln II und III die beiden Märchen vergleichend analysiert werden.

Gleichgültig, welche Zugriffsweise gewählt wird: Im Mittelpunkt der Betrachtung stehen die Begriffe der *Ambivalenz* und *Symbiose*, die im folgenden Kapitel ausführlich erläutert werden.

Kapitel I

1 Anmerkungen zur literarischen Interpretation und Terminologie — Anmerkungen zum didaktischen Zugriff

1.1 Zur literarischen Interpretation und Terminologie

„[...] feinste ausgewogene Ambivalenz"[1] stellt Paul-Wolfgang Wührl in E. T A. Hoffmanns Märchen ‚Der Goldne Topf' fest. Mit diesem Begriff, dem der Ambivalenz, ist die Frage nach dem Mit- und Nebeneinander zweier Welten in romantischer Literatur generell angeschnitten. Ambivalenter Geschehnisraum meint die Gesamtheit von Handlungsorten, in der scheinbar eine Trennung besteht zwischen solchen Orten, die der Erfahrungsrealität entstammen könnten, und solchen, die einwandfrei einer unbekannten Welt zugeordnet werden müssen. Ambivalenz ist also die Existenz von real Erfahrbarem und Märchenhaftem zugleich. Da es sich bei der Untersuchung der beiden vorliegenden Werke um Märchen handelt, die nicht allein im Märchenhaften, sondern auch in der Realität angesiedelt sind, scheint es zweckmäßig, sich bei der Analyse der Kategorie der Ambivalenz zu bedienen. Damit wird gleichzeitig der Hauffschen Märchendefinition Rechnung getragen, die besagt, daß Märchen gekennzeichnet seien durch die „Einmischung eines fabelhaften Zaubers in das gewöhnliche Menschenleben"[2], wobei in unserer Untersuchung die Art dieser Einmischung und ihre Bedeutung für Dichter und Leser, insbesondere aber auch für die Konzeption der Figuren zu analysieren ist.
Die Ambivalenz der Handlungsorte kann zwiefach gestaltet sein: Zum einen kann sie antagonistischer Art sein, d.h., daß sie auf den Dualismus und die Unvereinbarkeit von Welt und Gegenwelt, sprich real erfahrbarer und märchenhafter Welt, verweist. Zum anderen fließen in romantischer Dichtung — insbesondere auch in diesen beiden Märchen — Welt und Gegenwelt ineinander, wodurch es zu einer Symbiose des Ambivalenten kommt. Die Forderung, die mit dieser Symbiose verbunden ist, lautet, die Erfahrungsrealität mit einem Zauberreich so zu verbinden, daß letzteres als noch zum Leben des Lesers gehörig erscheint, und zwar als der herrlichste Bereich in diesem. „Im ‚Goldnen Topf' gibt es keinen objektiven Maßstab für das, was ‘real’, und das, was ‘irreal’ ist, da die Erfahrungsrealität mit dem magischen Bereich zu einer einheitlichen Welt, zu einer ‘poetischen Wirklichkeit’ verschmilzt."[3] Diese Gestaltung einer poetischen Wirklichkeit schafft den sog. „transzendentalen Realismus", von dem Hoffmanns Werk geprägt ist. Dieser Realismus behält aber immer im Auge, daß die Zauberwelt nur in Ausnahmefällen in der irdischen Existenz erfahrbar ist. So wird der Leser in einen vertrauten Wirklichkeitsbezirk geführt, der dadurch ambivalent im Sinne von mehrdeutig wird, daß er von einer Phantasiewelt durchdrungen, von ihr abgelöst oder auch nur berührt wird. Der umgekehrte Prozeß gilt in gleicher Weise. Dieses Miteinander zweier Welten macht die Symbiose aus.
Ausgehend von den Untersuchungskategorien der antagonistischen Ambivalenz und symbiotischen Ambivalenz, erweisen sich die Figuren der Märchen nicht mit sich selbst identisch, sondern sie zeigen durch ihre Verwandlungskraft, die sich in der Bewegung zwischen zwei Welten vollzieht, eine Art von Inkonsistenz, die mit der Fluktuation der Räume einhergeht.

---

(1) Wührl, Paul-Wolfgang (Hrsg.): E. T. A. Hoffmann, ‚Der Goldne Topf'. Erläuterungen und Dokumente. Stuttgart 1982, S. 57.
(2) Wührl, Paul-Wolfgang: Die poetische Wirklichkeit in E. T. A. Hoffmanns Kunstmärchen. Untersuchungen zu den Gestaltungsprinzipien. Diss. München 1963, S. 75.
(3) Wührl: Die poetische Wirklichkeit (Anm. 2), S. 118.

Ist die Untersuchung der Werke auf diese Kriterien konzentriert, so ist zugleich der Einstieg in die romantische Theorie vorbereitet. Der Grad der antagonistischen oder symbiotischen Ambivalenz läßt Rückschlüsse zu auf die Art der Wirklichkeitserfassung und die damit verbundene Leserlenkung — Leserbeeinflussung — durch den romantischen Künstler. Konkret gesagt: Die Vermutung liegt nahe, daß eine antagonistische Gestaltung Welt und Gegenwelt scharf kontrastiert, womit eine skeptische Kritik an der Erfahrungsrealität verbunden scheint. Hingegen verweist die symbiotische Gestaltung auf die Möglichkeit der Utopie, die letztlich aber auch Kritik an der erfahrenen Realität zur Grundlage hat.

1.2 Zum didaktischen Zugriff

Beide Märchen sollten in einem Kurs „Romantik" in der 12. oder 13. Jahrgangsstufe behandelt werden, denn erst in der gymnasialen Oberstufe sind die Schüler fähig, auch den literaturtheoretischen Rahmen zu verstehen und eine Wertung der Märchen vor dem Hintergrund der romantischen Theorie zu leisten. Vorzüglich eignet sich die Lektüre der Werke im Zusammenhang des Literaturepochenunterrichts, zumal dann, wenn im Geschichtsunterricht Probleme der deutschen Nation am Beginn des 19. Jahrhunderts behandelt werden oder behandelt worden sind.

Überlegt man, was Schüler an den beiden Werken lernen können, so wird zu allererst der Komplex „Literatur und Gesellschaft" ins Auge fallen. Gerade mit Blick auf die Literatur der Romantik zeigt sich, daß eine ganze literarische Epoche soziale und politische Probleme ausblendet, weil diese in der realhistorischen Gegebenheit nicht lösbar erscheinen. Somit kommt es zur Romantisierung der Wirklichkeit und damit zur Flucht aus der Wirklichkeit, ohne daß dabei auf eine implizite Kritik an der Realität verzichtet werden muß. Allerdings spiegelt die Literatur der Romantik durch den Grad der Poetisierung realer Bedingungen und durch die damit verbundene Öffnung in die Vergangenheit oder in utopische Sphären eine Art von Harmonie vor, die der Realität vollkommen widerspricht. Der Grad der Poetisierung der Wirklichkeit, das heißt die Möglichkeit der Wirklichkeitserfassung durch den romantischen Künstler, wird somit in den Unterrichtsmittelpunkt zu rücken sein. Das didaktische Anliegen erschöpft sich damit jedoch nicht in der Charakterisierung einer literarischen Epoche, sondern es zielt auch auf Sensibilisierung der Schüler im Umgang mit Literatur: Sie erkennen, daß Literatur Wirklichkeit nicht unmittelbar widerspiegelt, sondern auch über die Möglichkeiten Auskunft gibt, inwieweit Literatur auf die Fortentwicklung oder Veränderung gesellschaftspolitischer Verhältnisse einzuwirken vermag.

Der Unterricht sollte sich zunächst auf eine Analyse und Deutung des ‚Goldnen Topfes' konzentrieren. Die Ambivalenz der Handlungsorte — sowohl der fiktiv realen als auch der märchenhaften —, ihr Ineinandergleiten, ihre Kontrastierung lassen Rückschlüsse zu auf die Wirklichkeitserfassung und -kritik, in diesem Falle auf die einer selbstzufriedenen bürgerlichen Welt. Zu diesem Zwecke liegt es wohl nahe, den Weg des Protagonisten zu verfolgen und dabei besonderes Augenmerk auf die Ausgestaltung und Funktion der Handlungsorte zu richten, wobei exemplarisch das Ineinandergleiten oder die Kontrastierung des fiktiv realen und des mystischen Raumes herausgestellt werden können. Das Ineinandergleiten der Handlungsorte wird auch unter dem Gesichtspunkt der Flucht aus der Wirklichkeit zu betrachten sein. Die damit verbundene Kritik an der dargestellten Realität tritt dann deutlicher in der Kontrastierung der beiden Räume hervor, wobei der eine als utopische Harmonie, der andere als zum Teil unzulänglich und philiströs gesehen werden kann. Erst von hier aus sollte man in die entsprechenden Bereiche der romantischen Theorie vordringen. Diese Theorie kann wiederum mit der realen gesellschaftspolitischen Situation zu Beginn des letzten Jahrhunderts verglichen, in ihrer Funktion bewertet werden, — eine Arbeit vorzugsweise für Leistungskurse.

Zur exemplarischen Analyse der Handlungsorte eignen sich nach der Gesamtlektüre des ‚Goldnen Topfes' folgende Textausschnitte: Linkisches Bad und Holunderbusch in der ersten Vigilie, die Wohnung des Konrektors Paulmann in der zweiten, fünften und neunten Vigilie, das Haus des Archivarius Lindhorst in der sechsten Vigilie, die Vision des Wunderraumes Atlantis in der zwölften Vigilie und abschließend das Bibliothekszimmer im Hause des Archivarius Lindhorst in der zehnten Vigilie.

Die Betrachtung dieser Handlungsorte und die der Verhaltensweisen der dort Agierenden führt sicherlich zu dem Ergebnis, daß die Handlungsorte ambivalent gestaltet sind, zum Teil eine Symbiose anstreben, zum Teil stark kontrastiv den Dualismus der beiden Welten akzentuieren, womit eine intensivere Beschäftigung mit der romantischen Theorie vorbereitet ist.

Bei der Betrachtung des ‚Blonden Eckbert' sollte gleichfalls von der Konstituierung und Ausgestaltung der Handlungsorte ausgegangen werden. Allerdings geschieht die Arbeit nunmehr bereits vergleichend mit dem ‚Goldnen Topf'. Auch hier mag der Weg der Protagonisten im Vordergrund stehen. Recht schnell wird den Schülern klar werden, daß die Handlungsorte und deren Ausgestaltung sowie das Verhalten der Protagonisten im ‚Blonden Eckbert' sich fundamental von dem unterscheiden, was anhand des ‚Goldnen Topfes' erarbeitet wurde: Die Kritik der realen Verhältnisse unterbleibt, zur Konstruktion eines harmonischen Ideals kommt es nicht. Diese Ergebnisse sind auf dem Hintergrund des bereits erworbenen Wissens über romantische Wirklichkeitsverarbeitung einer Bewertung zu unterziehen, die die romantische Dichtung auch als Flucht vor realen gesellschaftspolitischen Erfordernissen kennzeichnet und damit ihre politische Funktion offenlegt.

Als methodische Hilfe kann die Erstellung oder Vorgabe einer Skizze angebracht sein. Diese Skizze, die den Weg der Protagonisten in beiden Werken veranschaulicht, mag sowohl zu Beginn der Analyse der Handlungsorte als auch danach eingesetzt werden. Im letzten Falle ermöglicht eine synoptische Darbietung vergleichende Arbeit, die noch einmal wesentliche Unterschiede beider Werke herausstellen kann.

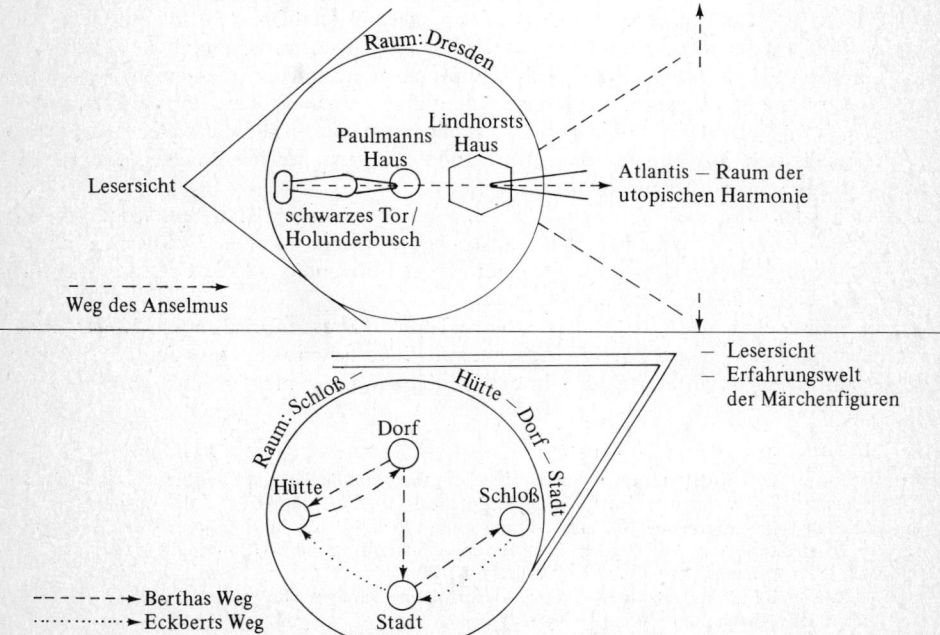

Kapitel II

1 Der ambivalente Geschehnisraum bei E. T. A. Hoffmann ‚Der Goldne Topf'

1.1 Die Handlungsorte als Konstitutiva des ambivalenten Geschehnisraumes

Jeden Leser, der sich in die Haltung desjenigen begibt, der mit Blick auf den Untertitel ‚Ein Märchen neuerer Zeit' das bekannte „Es war einmal [...]" erwartet, wird zunächst Enttäuschung, zumindest Verwunderung erfassen. Denn Hoffmann führt ihn nicht in das erwartete Märchenreich, sondern nach Dresden, genauer gesagt zum und durch das „Schwarze Tor", also an einen real existierenden und genau lokalisierbaren Ort, an dem die Handlung einsetzt und das Mißgeschick den Protagonisten, den Theologiestudenten Anselmus, ereilt. So finden wir nicht das Märchen als Traumbild, das sich ohne Zusammenhang als Ensemble wunderbarer Dinge und Begebenheiten darstellt — wie Novalis definiert —, sondern der örtliche Rahmen Dresden scheint das Unzusammenhängende und wunderbar Geheimnisvolle in die Realität zu integrieren und so dem absoluten Märchen nicht zu entsprechen. Mitten in Dresden, in dem E. T. A. Hoffmann selbst ein Jahr gelebt hat, werden dem Anselmus die seltsamsten Dinge in einer überaus bunten und phantasievollen Welt begegnen — mitten unter den ehrbaren und philiströsen Bürgern, die sich sonntags im Linkischen Bade amüsieren, die auf der Elbbrücke stehen oder sich vom Koselschen Garten aus zum Antonischen Garten über die Elbe fahren lassen, um in die Pirnaer Vorstadt zu gelangen, und die nie Atlantis, das phantastisch Wunderbare sehen werden, nie im Hause des Archivarius Lindhorst in die Zauberwelt eintreten können. Und so ist ‚Der Goldne Topf' phantastisch und realistisch zugleich, ist „Feenhaft und wunderbar, aber keck ins gewöhnliche Leben tretend [...]"[4], und scheint bezüglich der Orte, an denen sich das Geschehen zuträgt, von einer merkwürdigen, ja faszinierenden Ambivalenz geprägt, denn der Leser wechselt mit Anselmus — oft unvermittelt und überraschend — aus den engen Gassen Dresdens in einen phantastischen Raum, wo der Weg nach innen geht und die Außenwelt vergessen, nicht einmal mehr Schatten werfend existent ist[5], die Welt absolut romantisiert und dem Gemeinen das Geheimnisvolle, der hohe Sinn gegeben worden ist, jedenfalls zu einem großen Teil, denn erfahrbare Wirklichkeit und Phantasie scheinen sich gegenüberzustehen in diesem tollen „[...] Durcheinander realistisch gezeichneter Gegenwart und eines geisterhaften Reiches, das bis in die Uranfänge des Seins zurückzugehen scheint"[6].
Diese Ambivalenz unterscheidet den ‚Goldnen Topf' von dem rein Märchenhaften, und man kann in Hoffmanns Werk damit einen realistischen Zug sehen wollen. Um der Ambivalenz des Geschehnisraumes nachgehen zu können, ist es notwendig, all die Orte der Handlung hinsichtlich ihrer Ausgestaltung zu betrachten.
Ganz in realistischer Manier spielt der ‚Goldne Topf' in Dresden, und durch das ganze Märchen hindurch wird diese Stadt von Anselmus nicht verlassen — bis zum Schluß, da er sich mit Serpentina in Atlantis befindet, in das jedoch der Leser nicht geführt wird; denn die

---

(4) Hoffmann, E. T. A.: Briefwechsel. 3 Bände. Hrsg. von Hans von Müller und Friedrich Schupp. München 1967/69, Band I, S. 408. Auch in: Hoffmann; Der Goldne Topf (Klett), S. 103.
(5) Vgl. Novalis: Das allgemeine Brouillon, Fragmente (1798–99). Zit. nach: Die deutsche Literatur in Text und Darstellung. Hrsg. von Otto F. Best und H. J. Schmidt. Band 8 (Romantik I), Stuttgart 1974, S. 57. Auch in: Hoffmann: Der Goldne Topf (Klett), S. 109.
(6) Jaffe, Aniela: Bilder und Symbole in: E. T. A. Hoffmanns Märchen ‚Der goldene Topf'. In: C. G. Jung: Gestaltungen des Unbewußten. Zürich 1950, S. 266.

Schilderung dieses wundervollen Phantasias erfahren wir durch die dichtende Figur eines dazwischengeschobenen Autors, in Dresden sich befindend, genauer gesagt im Hause des Archivarius Lindhorst, der Atlantis schauen darf, in der Art einer Vision: „Die Vision, in der ich nun den Anselmus leibhaftig auf seinem Rittergute gesehen, verdankte ich wohl den Künsten des Salamanders, und herrlich war es, daß ich sie, als alles wie im Nebel verloschen, auf dem Papier, das auf dem violetten Tische lag, recht sauber und augenscheinlich von mir selbst aufgeschrieben fand" (93, 18–23). Dresden als Schauplatz wird zwar von Hoffmann nicht näher beschrieben, denn nichts wird über das Aussehen und die Ausstrahlung der Gassen, Straßen und Plätze ausgesagt, jedoch sind sie alle real: Das „Schwarze Tor", einer der Stadteingänge zur am rechten Elbufer gelegenen Neustadt, das „Linkische Bad", einer der größten und sonntags übervollen Vergnügungsorte (4, 21/22), der Koselsche Garten (11, 17), der sich in der Dresdner Neustadt dem Antonischen Garten (11, 36) gegenüber befindet, die Pirnaer Vorstadt (11, 31), in der die Wohnung des Konrektors Paulmann gelegen ist, die Schloßgasse, in der sich die bekannte Konditorei „Conradi" befindet (17, 23), in deren oberem Stockwerk das Kaffeehaus von den wohlhabenderen Bürgern Dresdens besucht wurde (23, 13), die Kreuzkirche hinter dem Alten Markt (17, 33), deren Uhr am schlank aufragenden Turm weithin sichtbar ist, das Seetor (37, 12), die Neustadt (37, 20), die Elbbrücke, die die Altstadt und ihre Vorstädte mit der Neustadt vereint (37, 20/21), das Pirnaer Tor, das die Altstadt mit der östlich gelegenen Pirnaischen Vorstadt verbindet (67, 17).

Gleichsam wie feste Punkte finden sich die Ortsangaben immer wieder im Märchen und schaffen die Fiktion einer nachprüfbaren realen Topographie, stehen somit im scheinbaren Gegensatz zur Märchenwirklichkeit, die nicht in einem 'Irgendwo' angesiedelt ist, denn die märchenhaft wunderbaren Enklaven sind mit den topographischen Fixpunkten verquickt. Der wundersame Holunderbusch, unter dem Anselmus im Wachtraum die Bekanntschaft mit Serpentina macht, befindet sich in der Nähe des rechten Elbufers, denn das wunderliche Geschehen endet mit dem Verschwinden der drei Schlangen im Elbstrom: „Alles war verstummt, und Anselmus sah, wie die drei Schlangen schimmernd und blinkend durch das Gras nach dem Strome schlüpften; rischelnd und raschelnd stürzten sie sich in die Elbe, und über den Wogen, wo sie verschwunden, knisterte ein grünes Feuer empor, das in schiefer Richtung nach der [Alt-]Stadt zu leuchtend verdampfte" (9, 18 ff.).

Und auch die Enklave des Hauses von Archivar Lindhorst ist mit der realen Topographie verknüpft, denn der Palast befindet sich in einer einsamen, zwar nicht genauer bezeichneten Straße in der Nähe der Kreuzkirche (17, 28 ff.), und das „kleine rote Häuschen" der Rauerin — das Hexenhäuschen des Äpfelweibes — ist nahe vor dem Seetor in einer wiederum einsamen Straße gelegen (37, 12). Und in der Pirnaer Vorstadt bewohnt die Familie des Konrektors Paulmann eine typische Philisterwohnung (11, 31), wobei der Innenraum des bürgerlichen Milieus — von Hoffmann karg angedeutet — dem Leser recht konkret vor Augen tritt. Dabei entstehen eine Atmosphäre idyllischer Biedermeierlichkeit und gleichzeitig ein realistisches Bild, das sich zusammensetzt aus: Klavier (15, 5), Schränkchen, Notenbüchern, Stickrahmen, Tasse, Kaffeekanne, Ofen (34, 37 ff. und 35, 1 ff.), Bett (50, 6), Spiegel (36, 29), Nähkästchen (68, 4), Punschterrine, Gläsern (71, 32), aber auch aus der Pfeife des Konrektors Paulmann (49, 30), der Abendsuppe (41, 19) und dem Kaffeekränzchen der bürgerlichen Töchter (35, 30 ff.). Die illustrative Darstellung der bürgerlichen Welt setzt diese somit in Kontrast zur Welt des Wunderbaren.

Die Realitätstreue der topographisch identifizierbaren Handlungsorte findet ihre Ergänzung in Wirklichkeitsbezügen anderer Art, die dem Zeitgenossen wohl bekannt gewesen sind. In der ersten Vigilie wird die Ouvertüre aus dem ‚Donauweibchen' erwähnt (7, 7), im Hause des Konrektors Paulmann singt der Registrator Heerbrand eine Bravour-Arie des damals recht bekannten Kapellmeisters Graun (15, 19), und in der elften Vigilie zeigt sich der in das Paulmannsche Haus gerufene Arzt als recht geschwätzig, denn er empfiehlt der phantasierenden Veronika Zerstreuung im Theater bei dem ‚Sonntagskind' und den ‚Schwestern von Prag' (84, 7), zwei bekannten Singspielen des Zeitgenossen Wenzel Müller.

Bei aller Detailtreue wird jedoch letztlich nur die Illusion eines realen und topographisch nachweisbaren Geschehnisraumes geschaffen, weil die Stadt Dresden, ihre Straßen und Plätze, das Bürgerhaus Paulmann letztlich austauschbar sind, denn nichts ist so sehr ausgestaltet, daß es unverwechselbar das topographisch einwandfrei zu Identifizierende ausmachen würde. Dabei entsteht sowohl ein Nebeneinander von scheinbar real Existierendem und märchenhaft Wunderbarem als auch ein Ineinanderverwobensein, was zu einem unverwechselbaren Wesensmerkmal des ‚Goldnen Topfes' wird und eine zweideutige Welt entstehen läßt. Diese Ambivalenz führt letztlich dazu, daß der Leser nicht mehr auszumachen vermag, wo die wunderbare Welt beginnt und die reale aufhört, da beide ständig miteinander als Wirklichkeit und Gegenwirklichkeit verschränkt werden. Das scheinbare Nebeneinander zu Beginn wird aufgelöst, denn das „Schwarze Tor", das der Student Anselmus auf seinem Wege zum Linkischen Bade durchschreitet (durchfällt) und das jeder, der aus der Neustadt kommt, passieren muß, wenn er sich zu diesem Vergnügungsorte begeben will, stellt sich nicht nur als ein Teil der Erzählkulisse dar, sondern es hat durch die Bewegung des Anselmus in dem Geschehnisraum mehr als die Bedeutung eines Requisits. Das „Schwarze Tor" ist mehr „Schwarz" als „Tor", denn durch den Zusammenstoß mit dem Äpfelweib ist die unheilvolle Vorbedeutung konstituiert: es ist mehr „Tor" als „Schwarz", denn mit dem Durchschreiten dieses Tores gelangt Anselmus schließlich nach Atlantis und damit in eine der Realität entrückte, wunderbare Märchenwelt. Aber dennoch bleibt das „Schwarze Tor" eines der Stadttore Dresdens, das zur Elbe hinführt und das von vielen Dresdnern zu damaliger Zeit durchschritten wurde. Auf diese Art und Weise ist die Nennung topographisch real existierender Orte gekennzeichnet durch einen Bedeutungsüberschuß und gleichzeitig geprägt von einem permanenten Bedeutungsmangel. In diesem Falle hat das Requisit „Schwarzes Tor" als Staffage einen Bedeutungsmangel, denn es geht nicht um den topographischen Ort, um den konkreten Torbogen auf dem Wege zum Linkischen Bade. Der Bedeutungsüberschuß zeigt sich darin, daß real existierende und für den damaligen Leser bekannte Örtlichkeiten immer in die Sphäre des Wunderbaren übergehen. So führen die Orte und „[...] Dinge eine ständige Doppelexistenz. Es existiert ein ständiger Bedeutungsüberschuß, gleichzeitig ein ständiger Bedeutungsmangel".[7] Das Phantastische hat demnach zwei Pole: Das (scheinbar) Reale und das Wunderbare, das in ständiger Ambivalenz den Leser wie vor einem Vexierspiegel stehen läßt, da gleichzeitig das Gegeneinander beider Welten immer wieder hervortritt. Denn immer dort, wo der Leser in die mythische Gegenwelt geleitet wird, findet eine Rückkehr in die erfahrbare Wirklichkeit statt, die an wohl bekannte Orte in Dresden führt und damit auf den Boden der Erfahrungsrealität, der gleichzeitig wieder durch den Bedeutungsüberschuß zum Nährboden einer neuen phantastischen Fluktuation werden wird.[8] So erweist sich die Konstituierung der realen Kulisse als Fiktion und ermöglicht dadurch eine Symbiose mit dem phantastischen Raum. So ist das Haus des Archivarius Lindhorst, in dem Anselmus Wunderbares und Phantastisches erlebt, einmal ganz Märchenwelt, in der

---

(7) Krolop, Bernd: Versuch einer Theorie des phantastischen Realismus. E. T. A. Hoffmann und Franz Kafka. Lang, Frankfurt a. M./Bern 1981, S. 65.
(8) Dieses Gegeneinander „[...] erscheint als Ausdruck ungelöster deutscher Gesellschaftsverhältnisse. Der Satiriker schildert die Unreife und Fäulnis deutscher Zustände [...] Das Neben- und Ineinander der beiden Welten erweist sich nicht als Entschärfung der Wirklichkeitsdarstellung, sondern als Versuch einer Wirklichkeitsdeutung, die im Bereich ihrer Zeit und Zeitgenossen offenbar keine Möglichkeit sieht, die tiefen Lebenskonflikte anders als durch Ausweichen in den mythischen Bereich zu lösen." (Mayer, Hans: Die Wirklichkeit E. T. A. Hoffmanns. In: E. T. A. Hoffmanns Werke, Frankfurt a. M. 1967, Band 4, S. 473.)

Farben, Klänge, sprechende Tiere, eine Sphäre des Wundersamen schaffen; und doch tritt Anselmus in diesem Raume zurück in die fiktive Realität der Handlungskulisse, die, gleichsam Schatten werfend, in das Haus des Archivarius reicht: „,,O meine – meine Serpentina!' rief der Student Anselmus, ,wie sollte ich denn nur von dir lassen können, wie sollte ich dich nicht lieben ewiglich!' – Ein Kuß brannte auf seinem Munde, er erwachte wie aus einem tiefen Traume, Serpentina war verschwunden, es schlug sechs Uhr, da fiel es ihm schwer aufs Herz, daß er nicht das mindeste kopiert habe; er blickte voll Besorgnis, was der Archivarius wohl sagen werde, auf das Blatt, und o Wunder! die Kopie des geheimnisvollen Manuskripts war glücklich beendigt, und er glaubte, schärfer die Züge betrachtend, Serpentinas Erzählung von ihrem Vater, dem Liebling des Geisterfürsten Phosphorus im Wunderlande Atlantis, abgeschrieben zu haben. Jetzt trat der Archivarius Lindhorst in seinem weißgrauen Überrock, den Hut auf dem Kopfe, den Stock in der Hand, herein; er sah in das von dem Anselmus beschriebene Pergament, nahm eine große Prise und sagte lächelnd: ,Das dacht ich wohl! – Nun! hier ist der Speziestaler, Hr. Anselmus, jetzt wollen wir noch nach dem Linkischen Bade gehen – nur mir nach!'" (65, 12–31). Schon die erste Begegnung des Anselmus mit Serpentina unter dem Holunderbusch – im märchenhaft Wunderbaren – zeigt die Ambivalenz des phantastischen Handlungsraumes, aus welchem die Schlangen in den fiktiv realen Raum entgleiten: „[...] und Anselmus sah, wie die drei Schlangen schimmernd und blinkend durch das Gras nach dem Strome schlüpften; rischelnd und raschelnd stürzten sie sich in die Elbe [...]" (9, 18–21).
Die Ambivalenz des jeweiligen Handlungsortes – des fiktiv realen und des märchenhaft Wunderbaren – ermöglicht die Symbiose beider, was den Reiz des Märchens ausmacht.

1.2 Poetische Gestaltung der Handlungsorte

Da sich der Zugang zum ,Goldnen Topf' z. T. recht schwierig gestaltet und die Konstituierung des Geschehnisraumes für das Erfassen romantischer Literatur wesentlich ist, sollte gerade dieser Raum im Unterricht intensiv betrachtet werden; in einem zweiten Zugriff mit Blick auf die seelische Disposition des Helden gewinnt er dann besondere Bedeutung.
Im Mittelpunkt des fiktiv realen Handlungsraumes steht das Haus des Konrektors Paulmann, denn es ist einer der Hauptschauplätze des Märchens in der Sphäre der Erfahrungsrealität. Wie schon gesagt, ist der bieder bürgerliche Raum durch einige wenige Requisiten angedeutet, die jedoch allein noch nicht die Vorstellung der guten bürgerlichen Stube entstehen lassen; erst die Menschen, die sich in diesem Raum befinden und bewegen, konstituieren ihn als philiströs, wobei die Requisiten dann ihre eigentliche Bedeutung erhalten. So muß sich Anselmus, sowie er das Haus des Konrektors betreten hat, gleich „ans Klavier setzen" (15, 5f.), um Veronika zu begleiten, und der Registrator Heerbrand gibt eine Bravourarie des Meisters Graun, eines in biederen Kreisen beliebten Komponisten des 18. Jahrhunderts, zum besten (15, 16–19). Das alles paßt so recht in das bildungsbürgerliche Milieu des Konrektors Paulmann, dessen Profession der Leser gleich zu Beginn des Märchens erfährt, genauso wie die Heerbrands. So sind in diesen Handlungsraum der bürgerliche Ehrgeiz nach Titeln und materielle Lebenswünsche eingebettet, denn Veronika schwelgt hier so sehr in der Vorstellung, einmal die Frau eines Hofrates werden zu können, daß sie von ihrem Gedankenbild her in die Realität hinein handelt (33, 25ff.).
Dabei zeigt sie sich als einfaches und in eng materiellem Denken befangenes Mädchen, das von einem schönen Logis in der vornehmen Gegend Dresdens träumt, in der sie ein wohlsituiertes, geruhsames Leben führen kann, akzeptiert von der philiströsen Umwelt: „Sie war Frau Hofrätin, bewohnte ein schönes Logis in der Schloßgasse, oder auf dem Neumarkt, oder auf der Moritzstraße – der moderne Hut, der neue türkische Shawl stand ihr vortreff-

lich — sie frühstückte im eleganten Negligé im Erker, der Köchin die nötigen Befehle für den Tag erteilend [...]" (33, 4—9) und nimmt die Honneurs der vorübergehenden Herren entgegen. Selbst die Schreckensvision eines kleinen Männchens, das Veronikas Traum von einer Hofrätin zerstören will, dient dazu, den bürgerlichen Raum zu konstituieren, denn es springt hinter Schränkchen und Ofen hervor, sitzt als Ofenaufsatz auf dem Kachelofen, während Veronikas jüngere Schwester den Kaffeetisch für das Jungdamenkränzchen arrangiert, für Mädchen mithin, die eben die gleichen Wunschträume hegen wie Veronika (34ff.). Der Konrektor bildet sich währenddessen an Ciceros ‚De Officiis' (33, 31) und tritt in diesem Raum dem Leser, Pfeife rauchend, entgegen (49, 30). In der 7., 9. und 11. Vigilie tauchen dann weiterhin Requisiten auf, die wiederum im Zusammenhang mit den Handlungsweisen der Personen den Raum der genügsam-selbstzufriedenen Bürgerlichkeit kennzeichnen. So wird in der Punschterrine von Veronika der Punsch kredenzt, dessen Zutaten der Registrator Heerbrand in der Manteltasche mitgebracht hat. Ebenso sind die anderen fiktiv realen Handlungsorte durch die Agierenden als bürgerlich zu erkennen: Über die konkrete Ausgestaltung des Linkischen Bades erfährt der Leser nichts, allerdings konkretisiert sich die Vorstellung des Lesers, wenn er weiß, daß dorthin eine „[...] Reihe festlich gekleideter Menschen [...]" (4, 21—22) zieht, um sich bei Blasmusik und einer „halben Portion Kaffee mit Rum und einer Bouteille Doppelbier" (4, 30—31) zu ergötzen und dieses als „Glückseligkeit des Linkischen Paradieses" von Bürgersleuten empfunden wird (4, 29), die den herausgeputzten Anselmus für einen Kandidaten der Theologie halten, weil er einen hechtgrauen Frack trägt (4, 7—8; 10, 34—35). Die anderen fiktiv-realen — topographisch in Dresden angesiedelten — Handlungsorte erhalten ihre Bedeutung durch die Bewegungen des Protagonisten und werden durch ihn in der Vorstellungskraft der Leser zu Bedeutungsträgern, worüber wir im Abschnitt 2.1 handeln werden.
Im mythischen Zentrum des ‚Goldnen Topfes' liegt das Haus des Archivarius Lindhorst. Die Ausgestaltung dieses Bereiches läßt Unterschiede zu der des real-bürgerlichen erkennen. Paulmanns Haus tritt nur durch seine Innenräume und die Treppe, die zu diesen nach oben führt, in die Leservorstellung, wohingegen das Haus des Archivarius auch als „uralt", in einer „einsamen[n] Straße" gelegen, bezeichnet wird (17, 27).
Die Innenräume dieses Hauses treten dem Leser in ihrer Ausgestaltung farbig und schillernd vor die Augen, wobei alles bewegungsreich und in ständiger Veränderung ist, je nach der seelischen Konstitution des Anselmus. „So erlebt der Leser den Raum, als ob er selbst Anselmus wäre, und zwar in sprunghaften Veränderungen, im Gleichtakt mit den Fortschritten und Rückschlägen in der Entwicklung [...] des Studenten, der auf dem Wege zu einem ‘Leben in der Poesie' ist. Zugleich aber bleibt auch Anselmus im Blickfeld des Lesers."[9] Damit ist die poetische Raumgestaltung des mythischen Zentrums wiederum abhängig von der Bewegung des Anselmus (s. Abschnitt 2.1). Schon gleich zu Beginn der 6. Vigilie, in der Anselmus den magischen Handlungsraum betritt, wird die Vorstellungskraft des Lesers stark gefordert — ebenso wie die des Anselmus —, denn der Raum erweist sich als die Sinne ergreifend, voller Licht, Farben und Geräusche, die das Wunderbare und Herrliche andeuten. Bei der näheren Betrachtung der von Hoffmann verwendeten Adjektive ist aber auch hier ungewöhnlich, daß nicht konkrete Vorstellungen geschaffen werden sollen, denn die Attribute „selten", „wunderlich", „sonderbar", „magisch", „herrlich", „wunderbar" regen zwar die Vorstellung des Lesers an und strapazieren ihn bei der Ausgestaltung des Handlungsraumes, sie zeigen aber gleichwohl auch, daß mit ihnen die Vorstellungskraft weit überschritten wird, die Sprache (die gewöhnliche Sprache) nicht ausreicht, das Ungewöhnliche

---

(9) Wührl, Paul-Wolfgang: Die poetische Wirklichkeit in E. T. A. Hoffmanns Kunstmärchen. Donauwörth 1963, S. 88.

zu erfassen (43, 2—26). Die fremde und überaus exotische Atmosphäre, die der orientalisch anmutende Palastgarten des Hauses ausstrahlt, ist wohl zu spüren, das Ungewöhnliche ist zu erfassen, das mit „Marmorbecken", „Krystallenstrahlen", „Lilienkelche" und der Bewegung, die allenthalben herrscht, angedeutet ist, weiter belebt und beseelt durch wunderbare Klänge und Stimmen, durch Geräusche; „überall plätschert und säuselt es (43, 17 und 19), und überall fängt es an (...) zu kichern und zu lachen, und feine Stimmchen neckten und höhnten (...)" (43, 25—26). Das alles wird durch Lichteindrücke und „herrliche Düfte" verstärkt (43, 20). So sind beim Konstituieren einer Vorstellung fast alle Sinne angesprochen, womit ein universal wunderbarer Raum in der Illusion entsteht, der in trügerischer Weise nicht zu enden scheint. Wie eine Kamera, die sich vorwärtsbewegt in einen z. T. nicht endenden Raum, gleitet das Bild langsam vorbei und schafft überdies in der Bewegung, die im Raum herrscht, einen quasi behutsam bewegenden Eindruck. Dieser von Hoffmann kunstvoll geschaffene, magische Raum zielt auf synästhetisches Erfassen und Erleben und muß somit notwendigerweise von detaillierter Beschreibung absehen. Damit ist auch der magische Raum nicht geschlossen, er scheint sich ewig zu erweitern, „[...] schienen lange Gänge sich in weiter Ferne auszudehnen" (43, 13 f.). Vor allem ist es das Immaterielle des Lichtes, das in seiner Bewegung, zwischen den einzelnen Punkten eine Kommunikation entwickelt, die in die Ferne drängt: „Ein magisches blendendes Licht verbreitete sich überall, ohne daß man bemerken konnte, wo es herkam, da durchaus kein Fenster zu sehen war. Sowie der Student Anselmus in die Büsche und Bäume hineinblickte, schienen lange Gänge sich in weiter Ferne auszudehnen" (43, 10—14). Die Raumgestaltung, so umfassend sie auch vorgenommen, ist arm an gegenständlichem Inhalt und körperlicher Kontur, jedoch verschwenderisch ausgestattet mit Relationen des Raumes. Hieraus erklärt sich der Zauber und das Zauberhafte, das von diesen Räumen ausgeht, und auch die Tatsache, daß der Vorstellung beim lesenden Konstruieren dieses Raumes keine Grenzen gesetzt sind. Dabei spielt es keine Rolle, daß in der Palmbaumbibliothek (44) Formen, Farben und Material genauer beschrieben werden: „Aus den azurblauen Wänden traten die goldbronzenen Stämme hoher Palmbäume hervor, welche ihre kolossalen, wie funkelnde Smaragde glänzenden Blätter oben zur Decke wölbten; in der Mitte des Zimmers ruhte auf drei aus dunkler Bronze gegossenen ägyptischen Löwen eine Porphyrplatte, auf welcher ein einfacher goldener Topf stand, von dem, als er ihn erblickte, Anselmus nun gar nicht mehr die Augen wegwenden konnte. Es war als spielten in tausend schimmernden Reflexen allerlei Gestalten auf dem strahlend polierten Golde" (44, 30—45, 1). Das Benennen einiger Konkreta und die dazugehörigen genaueren Farbadjektive sollen auch hier keinen anderen Raum als des Lesers eigene Erfahrung entstehen lassen. Dieser Raum, der als Ort des Grals bezeichnet werden kann, strahlt im Gegensatz zu dem vorhergehenden Ruhe und Feierlichkeit aus und wird damit zum Mittelpunkt des magischen Zentrums. Wie die anderen wird er dem Leser nicht faßbar beschrieben und damit auch nicht bewußt erkennbar, wohingegen seine Atmosphäre sowohl schwer und ruhig (Bronze) als auch Glück verheißend (Gold) ist. Mit dieser Form der Mystifikation eröffnet Hoffmann „[...] einen neuen Raum des Poetischen: das Phantastische. Der Mechanismus, nach dem das Phantastische funktioniert, ist der des fiktionalen Symboltransfers"[10]. Dieser fiktionale Symboltransfer bedeutet, daß reale Geltungsansprüche zu imaginären geworden sind, da der Begriff abgelöst wird durch eigenen metaphorischen Transfer. Mit dem Eintritt des Anselmus in das Wunderreich Atlantis ist der Eintritt in den vollkommenen mystischen Raum vollzogen. Die Darstellung des Raumes macht das deutlich, denn nichts — abgesehen von dem fiktiv dazwischengeschobenen Autor — stört diese Sphäre, die Sphäre der idealen Harmonie. Aber auch hier ist die Schilderung nicht darauf ausgerich-

---

(10) Krolop, Bernd: Versuch einer Theorie des phantastischen Realismus. (Anm. 7), S. 66.

tet, Anschaulichkeit zu erzielen, sondern es geht um die Überwältigung des Lesers, die durch ein Überaufgebot an sprachlichen Mitteln erzeugt wird. Der miterzählende Autor, sich noch in dem Palaste des Archivarius Lindhorst befindend, erlebt die Raumevokation in einer Vision, in der sich die Wände der Lindhorstschen Bibliothek weiten — auch hier wird Ferne erzielt — und Farben, Klänge und Düfte auf ihn „und damit den Leser" einwirken: Die azurblauen Wände in der Lindhorstschen Bibliothek lösen sich in Dunst auf, die Palmbäume weiten sich zum unabsehbaren, von Klängen, glühenden Farben, Lichtern und Düften be-wegten Raum: „Das Azur löst sich von den Wänden und wallt wie duftiger Nebel auf und nieder, aber blendende Strahlen schießen durch den Duft, der sich wie in jauchzender kin-discher Lust wirbelt und dreht und aufsteigt bis zur unermeßlichen Höhe, die sich über den Palmbäumen wölbt. — Aber immer blendender häuft sich Strahl auf Strahl, bis in hellem Sonnenglanze sich der unabsehbare Hain aufschließt [...]. Glühende Hyazinthen und Tuli-panen und Rosen erheben ihre schönen Häupter und ihre Düfte rufen in gar lieblichen Lauten [...]" (91, 27—37). Ferne, Harmonie und Bewegung, die allerdings eine vollkom-mene Ruhe ausstrahlt, schaffen diesen Raum, in dem alles beseelt ist und somit symboli-schen Transfercharakter hat. Es sind besonders die Verben, die die Harmonie in ruhender Bewegung schaffen; die Substantive erfahren durch sie eine Entkonkretisierung. Es „schie-ßen" Strahlen, es „wirbelt und dreht" sich in Lust, es „häuft sich Strahl auf Strahl", und der Hain schließt sich auf. Das alles vor dem ruhenden Punkt, den Anselmus verkörpert, wodurch die Harmonie und Bewegung in ausgeglichener, wohltuender Stimmung erreicht wird. Damit erweist sich Atlantis als Utopie, in welche das Eindringen der fiktiv realen Welt nicht mehr möglich ist, wenn wir absehen wollen von dem fingierten Autor, der den Leser in die Realität zurückzuversetzen vermag. Der in der sechsten Vigilie noch vorhandene schaubare Raum wird zu dem utopisch geahnten, wobei sich dem Leser kein Bild formen kann, damit das eigentlich Magische nicht sichtbar wird — Utopie bleibt: „[...] es soll die Fassungskraft der menschlichen Sinne übersteigen und [ist] deshalb nur zu fühlen, nur zu ahnen"[11].

Ein zweites Zentrum des magischen Bereiches stellt die Hexenküche in der fünften Vigilie dar. Hier erfährt der Leser seine Eindrücke durch die Sinne Veronikas, so wie sie ihm in Bezug auf die Utopie Atlantis durch die Eindrücke des Anselmus vermittelt werden. Der Kunstgriff ist also der gleiche: Das dazwischenliegende, fiktive Medium — vielmehr dessen seelische Disposition — schafft Vorstellung vom Raum und dessen Fluidum. Der dunkle Winkel des magischen Bereiches „Hexenküche", ist wiederum mit den handelnden Personen in Vorgängen und Bewegungsabläufen verflochten. Tiere und Requisiten werden zentralisiert und erhalten durch ihr Wechselspiel die intendierte Bedeutung als Atmosphäreträger, denn auch in der „Hexenküche" blieben die Requisiten ohne die Vorgänge bedeutungslos: „[...] Meerkatzen kletterten winselnd auf das hohe Himmelbett, und die Meerschweinchen liefen unter den Ofen, und der Rabe flatterte auf den runden Spiegel; nur der schwarze Kater [...] blieb ruhig auf dem großen Polsterstuhle sitzen [...]" (38, 20ff.). Aber nicht nur durch die Bewegungen und Vorgänge um die Requisiten — so wie es bei der Konstituierung der Paul-mannschen Wohnung der Fall ist — erhält der Raum sein Flair, sondern durch die Empfin-dungen Veronikas, denn sie bildet den Spiegel des sie umgebenden Raumes, der je nach seelischer Disposition anders erscheint: „Veronika erblickte nichts mehr von den Tieren, von den Gerätschaften, es war eine gewöhnliche ärmlich ausstaffierte Stube" (39, 7—9). Die un-heimliche Atmosphäre, die Hoffmann in der „Hexenküche" konstruieren will, wird über das Grausen Veronikas hervorgerufen, denn sie sieht das Häßliche der ausgestopften Tiere, das

---

(11) Wührl, Paul-Wolfgang: Die poetische Wirklichkeit in E. T. A. Hoffmanns Kunstmärchen. (Anm. 9), S. 93.

Ekelhafte der vermeintlichen Menschengesichter, die ihr verzerrt erscheinen, ihr graust beim Vernehmen der Jammertöne. Auch hier ist es Klang, ist es vor allem aber wieder die Bewegung, die den Schauplatz, in der Verknüpfung mit den Requisiten, entstehen läßt; einzelne assoziierbare Bildelemente finden sich nicht – auf Anschaulichkeit, im Sinne einer Staffage, wird kein Wert gelegt. Gleiches gilt für den Schauplatz der Geisterbeschwörung in der siebten Vigilie. Bemerkenswert ist auch hier das kinetische Element: „[...] tausendstimmig heulte es in den Lüften. Ein entsetzlicher herzzerschneidender Jammer tönte herab aus den schwarzen Wolken, die sich in schneller Flucht zusammenballten und alles einhüllten [...]" (51, 3–7).

Die poetische Gestaltung der Handlungsorte zielt somit jeweils auf die Schaffung einer Atmosphäre, die nicht durch die Requisiten als Staffage eines Bühnenbildes hervorgerufen wird, sondern jeweils nur im Zusammenhang mit den agierenden Personen, deren seelische Disposition in der Umwelt reflektiert wird, so wie die Umwelt diese erhellt. Dabei wird besonders bei der Beschreibung des magischen Bereiches das kinetische Moment bedeutsam, das jegliche Statik aufhebt und, verstärkt durch synästhetische Elemente, alle Sinne des Lesers erfaßt. Dieses Erfassen, Erspüren des Handlungsraumes duldet jedoch keine statische Kontemplation des Lesers, denn der Hoffmannsche phantastische Realismus führt den Leser permanent vom mythischen Bereich zurück in den fiktiv realen und von hier wieder in den mythischen, so daß in diesem Vexierspiel keine ruhende Orientierung denkbar ist und es nicht mehr möglich erscheint, zwischen vertrauter Erfahrungsrealität und mystischer Gegenwelt zu unterscheiden; Wunderbares und fiktiv Reales sind in eigener ständiger Fluktuation begriffen. Dieses Hinein- und Herausgleiten aus den jeweiligen Welten korrespondiert mit den Bewegungen der handelnden Personen – insbesondere mit denen des Anselmus (s. 2.1).

Diese Gestaltung der Handlungsorte bedeutet bei aller Symbiose des einen mit dem anderen die Unmöglichkeit der Harmonie in der philiströsen Alltäglichkeit, wobei die Statik dieser Einförmigkeit in permanenter Dynamik im Phantastischen ihre Gegenwelt findet, die sich durch adäquate Raumgestaltung kundtut.

1.3 Bedeutung der Ambivalenz der Handlungsräume

Die geschickt ausgewogene Ambivalenz der Handlungsräume – gleichsam die Figuren im Märchen erfassend – ist zum einen für den heutigen Leser von überaus großem poetischen Reiz, stellt somit eine ästhetische Dimension und ein unverwechselbares Strukturmerkmal Hoffmannscher Dichtung dar, zum anderen konstituiert der ambivalente Handlungsraum eine „zweideutige Welt"[12]. Sie tut sich nicht nur im ‚Goldnen Topf' auf, sondern gleichermaßen in den ‚Lebens-Ansichten des Kater Murr', in der Erzählung ‚Das Majorat' und in ‚Klein Zaches genannt Zinnober'. Am augenfälligsten jedoch tritt der damit korrespondierende phantastische Realismus im ‚Goldnen Topf' hervor, in dem eine Welt zur Gestaltung gelangt, die den Widerspruch zwischen Sonderling und miserabler Wirklichkeit aufzeigt, der hier ganz besonders in der Schaffung ambivalenter Handlungsräume zutage tritt. So erschöpft sich die Konstituierung des Handlungsraumes, der im Zentrum der Erfahrungsrealität steht, letztlich in Trivialitäten, denn die Paulmannsche Wohnung besteht aus Punschterrine, Kaffeekanne, Tassen, Ofen, Klavier, Pfeife usw. Die den Raum ausfüllenden Personen finden sich gleichfalls im philiströs Trivialen, das ständig wiederkehrt und zum Mittelpunkt des irdischen Daseins erwächst, das der Raum – von der Wohnung zum Linkischen Bade und

---

(12) Vgl.: Köhn, Lothar: Vieldeutige Welt. Studien zu den Erzählungen E. T. A. Hoffmanns und zur Entwicklung seines Werkes, Tübingen 1966, passim.

zurück — begrenzt: im Kahn der Elbe und im Erkerzimmer, in das sich Veronika als Frau Hofrätin träumt, das sie noch nicht einmal im Wachtraum verläßt, denn in Erstarrung, in Statik schaut sie auf das Draußen „[...] sie frühstückte im eleganten Negligé im Erker [...] Vorübergehende Elegants schielen herauf [...] Die geheime Rätin Ypsilon schickt den Bedienten und läßt fragen, ob es der Frau Hofrätin gefällig wäre, heute ins Linkische Bad zu fahren" (33, 8 ff.), also wiederum an einen Ort, der durch Profanitäten gekennzeichnet ist, durch Kaffee und Doppelbier. So erweist sich der fiktiv reale Handlungsraum jeweils als begrenzt und zeichnet die Einengung und Erstarrung in Selbstzufriedenheit, durch die Bewegung der dort Handelnden verstärkt. An keiner Stelle öffnet sich dieser Raum für den Philister, so daß er das hinter diesem Raum liegende Transzendentale erkennen könnte. Der enge Raum spiegelt somit das bedrängt alltägliche Leben wider, das keinerlei Öffnung, keine Perspektive hat. Diese Perspektive zeigt sich jeweils nur dann, wenn der begrenzte, philiströse Raum in den mythischen geöffnet wird, der somit in Kontrast zum spießerhaften steht und Verwirklichungsmöglichkeiten aufzeigt — für Anselmus. Hier zeigt sich zweifellos zum einen das, was der Hoffmannsche „transzendentale Realismus"[13] genannt wird: eine „[...] bestimmte Art zu sehen [ist ...] Wirklichkeit aufzufassen und künstlerisch zu schaffen"[14] und die Fluktuation des Raumes als die Änderung der Daseinsform zu begreifen, die sich quasi wie durch das Auf- und Absetzen einer Tarnkappe vollzieht. Vorausgesetzt wird dabei die Auffassung von der Transparenz der empirischen Wirklichkeit, hinter der sich eine andere, höhere Welt befindet, die allerdings nur dann durchscheint, wenn auf Seiten des Beobachters gewisse seelische Dispositionen vorhanden sind, wie bei Anselmus. Denn die Raumfluktuation ist an ihn und seine Bewegung im Raum gebunden. Andererseits bleibt für den Leser letztlich der unüberbrückbare Kontrast zwischen dem fiktiv realen Raum und dem mythischen Raum bestehen und führt zu dem Dualismus von realer Welt und mystischer Gegenwelt. Dieser Dualismus gilt als Reflex auf die damaligen ungelösten Gesellschaftsverhältnisse, wobei der mythische Bereich zweifelsohne als Utopie anzusehen ist, jedoch eher als Flucht und Zuflucht aus der unbefriedigenden Realität damaliger Gesellschaftsstrukturen. Beides zu differenzieren und sich für eine der zwiefältigen Sichtweisen zu entscheiden, wird schwerfallen, nicht zuletzt deshalb, weil die Übergänge von fiktiv realen Handlungsorten zu den mythischen und umgekehrt zum einen gleitend gestaltet, zum anderen aber auch kontrastiv angelegt sind: „Alles war verstummt, und Anselmus sah, wie die drei Schlangen schimmernd und blinkend durch das Gras nach dem Strome schlüpften; rischelnd und raschelnd stürzten sie sich in die Elbe [...]" (9, 18—21). Hier steht das Geistern von einem zum anderen Handlungsort, das Hinübergleiten aus der mystischen in die reale Welt im Vordergrund. Und bei der Verwandlung des Archivarius Lindhorst in einen Geier, also beim Wechsel von der fiktiv realen Welt in eine mystische, ist kaum noch zu erkennen, wo jene aufhört und die andere beginnt: „Schon war er [der Archivarius] in der Nähe des Koselschen Gartens, da setzte sich der Wind in den weiten Überrock und trieb die Schöße auseinander, daß sie wie ein Paar große Flügel in den Lüften flatterten, und es dem Studenten Anselmus, der verwunderungsvoll dem Archivarius nachsah, vorkam, als breite ein großer Vogel die Fittige aus [...] Wie der Student nun so in die Dämmerung hineinstarrte, da erhob sich mit krächzendem Geschrei ein weißgrauer Geier [...], und er merkte nun wohl, daß das weiße Geflatter [...] schon eben der Geier gewesen sein müsse, unerachtet er nicht begreifen konnte, wo denn der Archivarius [...] hingeschwunden" (31, 7—20). Ist hier der Wechsel von einem Handlungsort zum anderen auch nicht direkt beschrieben, so doch indirekt, denn der Archivarius „fliegt"

---

(13) Vgl.: Cohn, Hilde: Realismus und Transzendenz in der Romantik, insbesondere bei E. T. A. Hoffmann. Diss. Heidelberg, 1933, S. 48.
(14) Cohn, Hilde (Anm. 13).

in das Zentrum des mythischen Bereiches, in seine Villa – Welt und Gegenwelt sind ineinander verschlungen. Anders hingegen im Hause des Konrektors Paulmann, wo Anselmus in
Rückerinnerung – traumhaft – den Raum wechselt und ein überaus starker Kontrast deutlich zutage tritt, der den hier unversöhnbaren Dualismus von Welt und Gegenwelt bedeutet:
„[...] Anselmus mußte sich ans Klavier setzen und Veronika ließ ihre helle klare Stimme
hören. – ‚Werte Mademoiselle‘, sagte der Registrator Heerbrand, ‚Sie haben eine Stimme,
wie eine Kristallglocke!‘ – ‚Das nun wohl nicht!‘ fuhr es dem Studenten Anselmus heraus
[...] Da legte Veronika ihre Hand auf seine Schulter und sagte: ‚Was sprechen Sie denn da
[...]“ (15, 5–14). Und noch unversöhnlicher, da mit beißender Ironie behaftet, trifft Welt
auf Gegenwelt, als der Registrator Heerbrand auf das Holunderbuscherlebnis des Anselmus
diesem antwortet: „[...] So ist mir in der Tat selbst einmal nachmittags beim Kaffee in einem
solchen Hinbrüten, dem eigentlichen Moment körperlicher und geistiger Verdauung, die
Lage eines verlornen Aktenstücks wie durch Inspiration eingefallen [...]“ (13, 34–38). Hier
zeigt sich, daß die mehrschichtige Welt Hoffmanns von demjenigen in ihrer Hintergründig-
keit nicht erkannt werden kann, der sich selbstzufrieden genügt in einer Sphäre, die jeglicher
Perspektive und Zukunft beraubt ist wie der Raum des Konrektors Paulmann, in dem sich
bezeichnenderweise die Fühl- und Denkbegrenzung vollzieht.
Zusammenfassend kann festgestellt werden, daß sich hinsichtlich der Ambivalenz der Gestaltung des Handlungsortes zum einen der scharfe Dualismus zwischen prosaischer und
poetischer Wirklichkeit offenbart, also zwischen realer Welt und mystischer Gegenwelt.
Dabei wäre die Dissonanz als Reflex der ungelösten gesellschaftlichen Verhältnisse zu deuten. Zum anderen führt diese Ambivalenz auch zu einer Symbiose der beiden Welten. Hier
ist die fiktive Realität in Hoffmanns Werk als eine von mehreren Schichten einer Welt zu
verstehen, und zwar so, daß sie als Tarnkappe einer anderen, mystischen fungiert. Das führt
letztlich zu einer Eliminierung des Dualismus, zu „[...] versöhnender [...] Rückführung des
atlantischen Bereiches in der Alltagswirklichkeit“[15].
Inwieweit der Unterricht diesem Dualismus zweier sich unversöhnlich gegenüberstehender
Welten nachgehen will oder inwieweit er die Entspannung beider herausstellt, die sich in
der Symbiose finden läßt, ist letztlich nicht entscheidend. Wichtig für den ‚Goldnen Topf‘
ist, daß durch den Kontrast von Realität und Mythik und durch das Hineingleiten von dieser
in jene Welt und sanftes Zurückführen, das den Leser verwirrt, der Reiz des Märchens vermittelt wird.

2 Die Bewegungen des Protagonisten Anselmus im ambivalenten Geschehnisraum

2.1 Anselmus im fiktiv historisch-realen Geschehnisraum

Bei der Lektüre des ‚Goldnen Topfes‘ wird dem Leser bald folgendes auffallen: Bewegungen,
Verhalten und seelische Befindlichkeit des Protagonisten sind im fiktiv realen Handlungsraum anders als im mystisch-phantastischen, und der Raum wiederum ist gestaltet durch die
Bewegungen, das Verhalten und die seelische Befindlichkeit des Anselmus. Die Empfindungen jedoch, die den Leser ergreifen, sind die eines Begleiters, der dem Helden helfen und ihn
an die Hand nehmen möchte, obschon allzu bald klar wird, daß es Anselmus ist, der den
Leser führt und von dem sich der Leser führen lassen will. Zuweilen aber scheint Anselmus
wieder hilflos und so unpassend in der Welt, daß er des Zuspruches bedarf. Diese ambivalente Leserführung bricht mit dem Aufnahmeverständnis von Märchen, denn der Held, mit

(15) Martini, Fritz: Die Märchendichtung E. T. A. Hoffmanns. In: Der Deutschunterricht 7 (1955), H. 2,
S. 62.

dem es sich zu beschäftigen gilt, ist weder der Pechvogel noch der Glückspilz – wenn wir, vom Schluß des Märchens absehen.

Zu Beginn des Märchens tritt er uns als armer Theologiestudent entgegen, der sich mühselig durchs Leben schlägt und dem nicht viel Erfolg beschieden zu sein scheint, denn der Unfall am „Schwarzen Tor" erweist sich als einer in der Kette: Das Butterbrot fällt ihm immer auf die gute Seite, der Zopf löst sich vom Hinterkopfe im unpassendsten Moment, er stolpert mehr, als daß er geht, und nie ist er Bohnenkönig geworden – er scheint die Inkarnation des – kleinen – Unglückes zu sein: „Wahr ist es doch, ich bin zu allem möglichen Kreuz und Elend geboren! – Daß ich niemals Bohnen-König geworden, [...] daß mein Butterbrot immer auf die fette Seite gefallen, von all diesem Jammer will ich gar nicht reden; aber, ist es nicht ein schreckliches Verhängnis, daß ich, als ich denn doch nun dem Satan zum Trotz Student geworden war, ein Kümmeltürke sein und bleiben mußte? – Ziehe ich wohl je einen neuen Rock an, ohne gleich das erstemal einen Talgfleck hineinzubringen, oder mir an einem übel eingeschlagenen Nagel ein verwünschtes Loch hineinzureißen? Grüße ich wohl je einen Herrn Hofrat oder eine Dame, ohne den Hut weit von mir zu schleudern, oder gar auf dem glatten Boden auszugleiten und schändlich umzustülpen?" (5, 14–27). Diese Selbstcharakterisierung macht den Fall durch das Tor und in den Korb nachträglich verständlich und zeigt, daß Anselmus sich nicht in der Welt zurechtfinden kann. „Er ist in seine Bilderwelt eingesponnen und geht wie in einem ständigen Traum über die Erde. Diese stellt ihm ein schmerzhaftes Hindernis nach dem anderen in den Weg, so als müßte er dauernd geweckt und an seine eigene Erdenschwere erinnert werden."[16] All diese Widrigkeiten sind jedoch nur ein Teil des Lebens von Anselmus, denn sie begegnen ihm ausschließlich in der realen Welt. In der anderen, der Gegenwelt, erweist er sich als Sonntagskind, als Begnadeter, denn allein er hat Zugang zu Phantasia. Sensibilisiert für das, was den Alltag nicht ausmacht, doch lebend und stolpernd in diesem, scheint er ewig zu träumen, ohne die Grenze zwischen Traum und Wirklichkeit ziehen zu können. Anders ausgedrückt: Die Prädestination zur Utopie bedeutet das Scheitern in der Wirklichkeit, wobei wiederum der Dualismus der beiden Welten evident wird. Das Scheitern in der Wirklichkeit ist zugleich Vorbedingung – oder Grund – für die träumerische Bewältigung der Realität oder das Hinausträumen aus der Realität. Bevor wir uns nun den Bewegungen des Anselmus im fiktiv realen Handlungsraum zuwenden, sei darauf verwiesen, daß, je mehr das Ungeschick kulminiert, desto deutlicher das Hinübergleiten in den Traum ist – in das Mystische.

Die erste Kulmination des Mißgeschicks findet sich gleich zu Beginn des Märchens: Anselmus stolpert durch das „Schwarze Tor" und direkt in den Korb des Äpfelweibes, was ihn um seine paar Groschen bringt, mit denen er sich im Linkischen Bade einen guten Tag machen wollte. Die folgende Selbstcharakterisierung als Unglücksrabe läßt vermuten, daß der Fall am „Schwarzen Tor" nicht eine Einzelepisode ausmacht, daß er vielmehr zur Struktur des Komplexes „Anselmus und die reale Welt" gehört. Dementsprechend gestaltet sich auch die seelische Verfassung des in dieser Welt Strauchelnden; er grübelt über sein Mißgeschick und fühlt sich gleichermaßen ausgeschlossen von der menschlichen Gesellschaft, in diesem Falle von dem Vergnügen im Linkischen Bade, das ihm (noch) als schmerzliche Entsagung erscheint: „Als der Student schon beinahe das Ende der Allee erreicht, die nach dem Linkischen Bade führt, wollte ihm beinahe der Atem ausgehen [...] denn noch immer sah er die Äpfel und Kuchen um sich tanzen, und jeder freundliche Blick dieses oder jenes Mädchens war ihm nur Reflex des schadenfrohen Gelächters am „Schwarzen Tor" [...] eine Reihe festlich gekleideter Menschen nach der andern zog herein [...] Die Tränen wären dem armen Studenten Anselmus beinahe in die Augen getreten, denn auch *er* hatte [...] an der

---

(16) Jaffé, Daniela: Bilder und Symbole aus E. T. A. Hoffmanns ‚Der Goldne Topf'. (Anm. 6), S. 296.

Glückseligkeit des Linkischen Paradieses teilnehmen [...] wollen [...] kurz! – an alle geträumten Genüsse war nicht zu denken [...]" (4, 13 ff.). Es scheint, daß der Wunsch nach gesellschaftlicher Integration um so weniger in Erfüllung gehen kann, je zahlreicher und widriger ihm Mißgeschicke in den Weg treten, durch welche Anselmus zum Außenseiter wird – zumal da er an der Realität vorbeiträumt und so das sonderbare Flair des Träumers, des nicht zu Integrierenden, in sich einschließt: „Ach! ach! wo seid ihr hin, ihr seligen Träume künftigen Glücks, wie ich stolz wähnte, ich könne es wohl hier noch bis zum Geheimen Sekretär bringen! Aber hat mir mein Unstern nicht die besten Gönner verfeindet? – Ich weiß, daß der Geheime Rat, an den ich empfohlen bin, verschnittenes Haar nicht leiden mag; mit Mühe befestigt der Friseur einen kleinen Zopf an meinem Hinterhaupt, aber bei der ersten Verbeugung springt die unglückselige Schnur, und ein munterer Mops, der mich umschnüffelt, apportiert im Jubel das Zöpfchen dem Geheimen Rate" (6, 8 ff.), wobei alles zu Boden gerissen und Anselmus zur Tür hinausgeschoben wird. Die Realität hat den Traum nicht einholen können; Anselmus unterliegt wieder einmal in der Alltagswelt. Indessen, nicht nur diese Niederlagen in der Welt isolieren ihn und lassen ihn sich selbst als untauglich erscheinen und somit leiden. Es ist vielmehr auch die Art der Mißgeschicke, die ihn isoliert und anders macht, denn das, was ihm zustößt, fällt so ganz aus dem Rahmen der philiströsen Welt und läßt ihn daher auch keine Beziehung zu dieser finden, wohl aber eine sensibilisierte Subjektivität ausbilden, die ihn für das Wunderbare prädestiniert.[17] Im Zustand der Trostlosigkeit und der Erkenntnis, nicht für diese Welt geschaffen zu sein, schwindet ihm die Realität, gleitet Anselmus in den Traum unter den Holunderbusch. Es vollzieht sich eine Wandlung, denn im Bereich des Mystischen hat Anselmus Erfolge – und dennoch bleiben die Neigungen zur Bürgerlichkeit in ihm, kann der Alltagswelt nicht völlig entsagt werden, bis zu dem Zeitpunkt, da er in Atlantis eintritt. Die Wandlung des Protagonisten bezieht sich jedoch nicht nur auf die Traumwelt, denn diese wirkt nach – hinein – in die bürgerliche Alltäglichkeit. Was im Hinblick auf die Raumgestaltung festgestellt wurde, das kann auch hinsichtlich des Verhaltens von Anselmus konstatiert werden: Es kommt zu einer gegenseitigen Beeinflussung, zu gleitenden Übergängen. Zwar erfolgen das Vergessen der Realität und die Erinnerung an sie partiell recht abrupt und unvermittelt, so daß es beim Leser zum reizvollen Überraschungseffekt kommt, jedoch wirkt der Traum auch so in die Wirklichkeit, daß Anselmus ein anderer wird. Nach dem Holunderbuschtraum scheint Anselmus verändert, die Realität ist nicht voller Fallstricke, ein Integrationsprozeß bahnt sich an: Das Abenteuer unter dem Holunderbusch war „[...] ganz verschwunden, er fühlte sich so leicht und froh, ja er trieb es wie im lustigen Übermute so weit, daß er beim Heraussteigen aus der Gondel seiner Schutzrednerin Veronika die hülfreiche Hand bot [...] sie mit so vieler Geschicklichkeit [...] nach Hause führte, daß er nur ein einziges Mal ausglitt, und da es gerade der einzige schmutzige Fleck auf dem ganzen Wege war, Veronikas weißes Kleid nur ganz wenig bespritzte. Dem Konrektor Paulmann entging die glückliche Änderung des Studenten Anselmus nicht, er gewann ihn wieder lieb [...]" (14, 14–25). Zwar gleitet der Student noch aus, und gerade an einer schmutzigen Stelle, doch ist es das einzige Mißgeschick, das nicht aus dem Rahmen der bieder-bürgerlichen Welt fällt, so daß Anselmus als zugehörig zu ihr akzeptiert wird: „[...] und gewann ihn wieder lieb". Die Nachwirkungen des phantastischen Erlebnisses prägen den Studenten dergestalt, daß er schon als zukünftiger Hofrat gesehen wird, wie der Registrator Heerbrand zu berichten weiß: „,,Lassen Sie dem Anselmus doch nur Raum und Zeit, wertester Konrektor! das ist ein kurioses Subjekt, aber

---

(17) Vgl. Sakheim, Arthur: E. T. A. Hoffmann. Studien zu seiner Persönlichkeit und seinen Werken. Leipzig 1908, S. 230.

es steckt viel in ihm, und wenn ich sage: viel, so heißt das: ein geheimer Sekretär, oder wohl gar ein Hofrat'" (32, 10—14).

Diesen Eindruck kann Anselmus jedoch nur in der kleinbürgerlich-spießigen Welt hervorrufen, weil ihm im mythischen Bereich immer mehr Glück zukommt, immer mehr Selbstverwirklichung gelingt. Das Sprengen des engen bürgerlichen Raumes und das Hineintreten in den mythischen verschafft ihm Sicherheit in der Profanität — von der er sich weiter und weiter entfernt und sie daher nicht mehr benötigt: ,,Der Konrektor Paulmann wurde [...] noch mehr betroffen, und konnte kaum eine Silbe hervorbringen, als der Student Anselmus, nachdem er einige Worte von dringender Arbeit beim Archivarius Lindhorst fallen lassen und der Veronika mit eleganter Gewandtheit die Hand geküßt, schon die Treppe hinunter, auf und von dannen war'' (34, 1—8). Je mehr sich Anselmus dieser Welt entzieht — oder rar macht —, da sein Leben sich am anderen Orte verwirklicht, um so mehr wünscht nun ihrerseits die bürgerliche Sphäre seine Gesellschaft: ,,[...] ,Ei, ei! wertester Hr. Anselmus — Amice! — Amice! wo um Himmelwillen stecken Sie denn, Sie lassen sich ja gar nicht mehr sehen — wissen Sie wohl, daß sich Veronika recht sehnt wieder einmal eins mit Ihnen zu singen? — Nun kommen Sie nur, Sie wollten ja doch zu mir!' Der Student Anselmus ging notgedrungen mit dem Konrektor'' (67, 19—25). Je weniger sich Anselmus auf die philiströse Alltäglichkeit angewiesen fühlt, um so mehr sucht sie seinen Kontakt, und um so sicherer bewegt sich Anselmus in ihr — obschon er sie nur noch notgedrungen betritt: ,,[...] ging notgedrungen mit dem Konrektor''. Es ist die subjektive Befindlichkeit des Protagonisten, die, positiv geprägt durch das Erleben in mythischer Dimension, nicht nur Sicherheit in der bürgerlichen Realität verleiht, sondern auch zu einer Entkrampfung führt, die auf einer gewissen Immunität gegenüber bieder-engstirnigem Verhalten und Anspruchsdenken beruht. Der damit verbundene gesellschaftskritische Aspekt liegt offen dar: Über das Verhalten des Anselmus und über das, was ihm im anderen Bereich widerfährt, wird der philiströse Raum mit seinen Ansprüchen und Verhaltensnormen relativiert, z.T. negiert, denn nur noch durch Hinterherlaufen kann Anselmus vom Bürger Paulmann für einige Zeit eingefangen werden ,,[...] als der Konrektor Paulmann hinter ihm herkommend laut rief: ,[...] Sie lassen sich ja gar nicht mehr sehen [...]'" (67, 18ff.). Bei aller Kritik an der bürgerlichen Welt, in der ein Leben für Anselmus nur dadurch ohne Unglücksfälle abläuft, daß er sich ihr entziehen kann und eine ihm gemäße Verwirklichung anderswo erfährt, deuten sein Verhalten und das ihm nunmehr entgegengebrachte Vertrauen auch auf ein symbiotisches Element. In diesem Zusammenhang sei noch einmal auf die ,,[...] immer stärker und versöhnender werdende[n] Rückführung des [... mystischen Bereiches ...] in die Alltagswirklichkeit'' verwiesen, die Fritz Martini hervorhebt.[18]

Diese Rückführung gelingt aber nicht da, wo die mythische Welt in die Alltagswirklichkeit vehement einbricht, denn immer dort sind die Bewegungen des Anselmus derartig, daß es zu Zusammenstößen mit der bürgerlichen Profanität kommt. So erscheint Anselmus als ,,[...] wohl nicht recht bei Troste'' (9, 28), als ihn Bürgersleute in umarmender Verzückung mit dem Holunderbusch sehen, so erregt er Aufsehen und sollte die ,,[...] Fantasmata [...] [mit ...] Blutigel[n], die man, salva venia, dem Hintern appliziert [...]'' bekämpfen (14, 28ff.); so benimmt er sich ungehörig und zieht sich einen finsteren Blick des Konrektors Paulmann zu, als er der Meinung Heerbrands widerspricht, Veronikas Stimme klinge wie Kristallglocken, denn er verfällt kurzfristig in den Holunderbuschtraum, so daß er widersprechen muß: ,,,Das wohl nicht! [...] Kristallglocken tönen in Holunderbäumen wunderbar! wunderbar!'" (15, 8ff.). Am deutlichsten wird dieser Dualismus in der neunten Vigilie sichtbar, weil das Vergessen der Realität in ihr selbst sich ereignet, ohne daß der Ort gewechselt wer-

---

(18) Martini, Fritz: Die Märchendichtung E. T. A. Hoffmanns. (Anm. 15), S. 56ff.

den kann. Anselmus ist nun in des Konrektors Wohnung, in der er realitätsvergessen (bürgerliches Denken und Empfinden überschreitend) aus dem mystischen Bereich in den der Einförmigkeit hineinspricht und schließlich den Konrektor Paulmann für einen Schuhu hält und für allerlei Durcheinander sorgt, so daß er daraufhin das Haus des Konrektors nicht mehr wird betreten dürfen: „‚Der Anselmus soll mir nicht mehr über die Schwelle‘, sprach der Konrektor Paulmann zu sich selbst, ‚denn ich sehe nun wohl, daß er mit seinem verstockten innern Wahnsinn die besten Leute um ihr bißchen Vernunft bringt; der Registrator ist nun auch geliefert – *ich* habe mich bisher noch gehalten, aber der Teufel, der gestern im Rausch stark anklopfte, könnte doch wohl am Ende einbrechen und sein Spiel treiben. – Also apage Satanas! – fort mit dem Anselmus!‘" (83, 16–24). Die Unverträglichkeit der realen Welt und der mythischen Gegenwart führt zur Entfernung letzterer, verkörpert durch Anselmus, der, wie es dem Konrektor Paulmann scheint, nicht nur selbst „ungewaschenes Zeug" (70, 28) schwatzt, sondern auch noch andere verderbe wie den Registrator Heerbrand: „[...] ‚der Kerl, der Archivarius, ist ein verfluchter Salamander, der mit den Fingern feurige Schnippchen schlägt, die einem Löcher in den Überrock brennen wie glühender Schwamm. – Ja, ja, du hast recht, Brüderchen Anselmus, und wer es nicht glaubt, ist mein Feind!‘ [...] ‚Registrator! – sind Sie rasend?‘ schrie der erboste Konrektor" (70, 29–37). Das Vordringen des Mystischen in den Bereich des Banalen, getragen von Anselmus, macht jedoch den Registrator nicht verrückt – im bürgerlichen Sinne –, denn er reflektiert sein Verhalten nicht nur, ausgelöst durch den Punsch, vielmehr durch das Verhalten des Anselmus, den er für irre erklärt: „‚[...] Ach, werter Konrektor, nicht der Punsch, den Mamsell Veronika köstlich bereitet, nein! – sondern lediglich der verdammte Student [er nennt nicht einmal dessen Namen! – Zusatz von den Verfassern] ist an all dem Unwesen schuld. Merken Sie denn nicht, daß er schon längst mente captus ist? [...]‘" (82, 23–27). Somit findet er sich wieder in die Bürgerlichkeit – noch mehr, wie ein Deus ex machina steigt er in sie als Hofrat. Anselmus hingegen hat sich in gleichem Maße aus ihr herauskatapultiert, da er sie mit der mystischen Gegenwelt konfrontierte, womit weitere Bewegungen in diesem Geschehnisraum für ihn unmöglich werden. Das Selbstverständnis, das er in der mystischen Gegenwelt gewinnt, trägt ihn nur so lange in der philiströsen Profanität, als diese mit der mystischen Dimension nicht in Berührung kommt. An den Bewegungen des Anselmus im bürgerlichen Geschehnisraum wird deutlich, daß dieser Raum ein fest begrenzter und eng geschlossener ist, der keinerlei Perspektive hat und in dem man vor jeglicher Utopie zurückschreckt – sie als Wahnsinn erklärt.

2.2 Anselmus im märchenhaften Geschehnisraum

Die Bewegungen des Protagonisten Anselmus im mythischen Geschehnisraum unterscheiden sich grundsätzlich von denen im realen, denn sein Verhalten ist hier geprägt durch seinen ausgeglichenen Seelenzustand: Dem Träumer gelingt annähernd alles mit traumwandlerischer Sicherheit, wobei er nach und nach, schon durch die erste Vision unter dem Holunderbusch, in ein schwereloses Traumspiel gleitet. Jedoch bleibt Anselmus in dem für sich Evozierten zunächst passiv, denn das Sich-Hingeben an seine Phantasien, das harmonische Wirken seines Ichs mit dem Selbstevozierten steht im Vordergrund; so daß das „[...] Umsponnenwerden des Anselmus [...] seine Intuition, nicht seine Erlösung"[19] versinnbildlicht. Diese Intuition wiederum ist Voraussetzung für die Vision. Daher erscheint Anselmus in vollkommener Ruhe, in allseitiger Entrückung. So ist des Anselmus äußerer Blick wie gebannt, fast erstarrt,

---

(19) Stegmann, Inge: Deutung und Funktion des Traumes bei E. T. A. Hoffmann. Diss. phil., Bonn 1973, S. 206.

sein innerer hingegen handelt verzückt, wobei das Handeln dann doch letztlich der Vision dient, denn „[...] herrliche dunkelblaue Augen blickten ihn an [...] ertönten stärker in lieblichen Akkorden die Kristallglocken, und die funkelnden Smaragde fielen auf ihn herab und umspannen ihn, in tausend Flämmchen um ihn herflackernd und spielend mit [...] Goldfaden [...] Und immer inniger und inniger versunken in den Blick [...] wurde heißer die Sehnsucht [...] Da regte und bewegte sich alles [...]" (8, 19ff.). Ist es also Anselmus, der sich die Vision verschafft, so ist sie es doch letztlich, die schaffend ihn bannt. Der Akt des Schaffens wird somit zu einem des Geschaffenwerdens. Dieser quasi künstlerische Prozeß wird allerdings rasch von der Profanität gebrochen, so daß — auch wenn Anselmus sich jetzt in der philiströsen Welt sicherer bewegen kann — er in einen Zwiespalt gerät, da die Welt mit geballter Kraft ihre Forderungen an ihn stellt. So taucht er das eine Mal träumerisch aus der Realität in die mythische Sphäre ein, das andere Mal hält er die Vision für alberne Grillen, in die er sich dann doch wieder hineinstürzen möchte: „‚Ach, seid ihr es denn wieder, ihr goldenen Schlänglein, singt nur, singt! In eurem Gesange erscheinen ja wieder die holden lieblichen dunkelblauen Augen — ach, seid ihr denn unter den Fluten!' — So rief der Student Anselmus und machte dabei eine heftige Bewegung, als wolle er sich gleich aus der Gondel in die Flut stürzen" (12, 14–19). Hier nun wird Anselmus tätig, um den Traum zurückzuholen, was ihm jedoch durch die Störung der Alltagswelt nicht gelingt, denn sie hält ihn zurück: „‚Ist der Herr des Teufels?'" (12, 19f.). So gibt es im märchenhaften Raum mithin zwei Arten der Bewegungen des Helden, die sich dadurch unterscheiden, inwieweit er sich mit diesem Raum identifiziert. Die eine Art ist die der Kontemplation, in der der mythische Raum handelnd auf ihn wirkt, die andere Art ist die des aktiven Versuches, den mythischen Raum wiederzuerlangen, wobei ein noch nicht völliges Eintauchen in diesen vollzogen wird. Da im letzteren Falle diese Aktivität en publique stattfindet, kommt es hier zum dualistischen Aufeinanderprallen beider Welten, die nicht nur das Hin und Her des Protagonisten charakterisieren, sondern ihn auch jeweils scheitern lassen und ihm den Tadel der Alltagswelt oder zumindest ein Nichtverstehen eintragen: „‚Kristallglocken tönen in Holunderbäumen wunderbar! wunderbar!' fuhr der Student Anselmus halbleise murmelnd fort. Da legte Veronika ihre Hand auf seine Schulter und sagte: ‚Was sprechen Sie denn da, Herr Anselmus?' [...] Der Konrektor Paulmann sah ihn finster an [...]" (15, 11ff.). Hier, wie schon unter dem Holunderbaum und auf der Überfahrt über die Elbe zeigt sich in dem Verhalten des Anselmus, daß sein Inneres, seine Intuition nur für Augenblicke die Fessel der Alltagswirklichkeit abstreifen kann, was um so schwerer gelingt, als es in sozialer Eingebundenheit geschieht. Das Schwinden der Wirklichkeit wird damit nicht immer als positiv verstanden, hingegen aber ihre Wiederkehr: „Da legte Veronika ihre Hand auf seine Schulter und sagte: ‚Was sprechen Sie denn da, Herr Anselmus?' Gleich wurde der Student wieder ganz munter und fing an zu spielen" (15, 13–15). Der halbwache Zustand wird innerhalb der bürgerlichen Gesellschaft demnach nicht nur als ein positiver erlebt; die Rückerinnerung quält, bedingt durch die Evozierung der Vision, unter den gegebenen Umständen. Infolgedessen erscheint die philiströse Umwelt dann als positiv und zugleich tröstend: „[...] wurde der Student wieder ganz munter [...]", obschon sie ihn gekettet hält und er entrinnen möchte. Dieser Zustand wird namentlich in der neunten Vigilie offenkundig, denn, durch das böse Prinzip beeinflußt, wird Anselmus aus dem mythischen Bereich gerissen, an ihm wird gezerrt: „Alles das Seltsame und Wundervolle, welches dem Studenten Anselmus täglich begegnet war, hatte ihn ganz dem gewöhnlichen Leben entrückt [...] Und doch [...] mußte er zuweilen unwillkürlich an Veronika denken, ja manchmal schien es ihm, als träte sie zu ihm [...] Zuweilen war es, als risse eine fremde plötzlich auf ihn einbrechende Macht ihn unwiderstehlich hin zur vergessenen Veronika, und er müsse ihr folgen, wohin sie nur wolle, als sei er festgekettet an das Mädchen" (66, 20ff.). So werden die Bewegungen des Protagonisten im mythischen Raum immer dann durch die Macht des Profanen und All-

täglichen gestört, wenn die Realität Anselmus zurückzugewinnen bestrebt ist, ganz besonders dann, wenn sich das „Philiströs-Biedere mit dem Dämonisch-Unheimlichen"[20], was
ihm innewohnt, verknüpft, so im Falle der Rauerin. So kann es nur dann zu entrücktem
und zur Selbstverwirklichung führendem Verhalten kommen, wenn die philisterhafte Realität, der es an jeglicher metaphysischen Instanz ermangelt, vollends vergessen oder verlassen wird. Aber auch im letzteren Fall bedarf es eines produktiven Schaffensaktes visio-
närer Vorstellungen, die nicht nur eine entsprechende seelische Disposition des Helden vor-
aussetzen, vielmehr das bewußte Abstreifen all dessen, was der Metaphysik entgegensteht.
Anders formuliert: Das Zentrum des magischen Bereiches, das Haus des Archivarius Lindhorst, ist nur dann dem Anselmus Raum und Ort harmonischen Empfindens, wenn er sich
vorbehaltlos dazu bekennen will und nichts aus der Alltäglichkeit hineinträgt, denn es zer-
stört das Wunderbare und damit auch die Harmonie, die zwischen dem Verhalten und Empfinden des Anselmus und der Raumgestaltung in wechselseitiger Abhängigkeit besteht. Wieder in der neunten Vigilie wird das Traumzerstörende der Realität augenfällig: „,Ihr allein',
sprach der zu sich selbst, ,habe ich es zu verdanken, daß ich von meinen albernen Grillen
zurückgekommen bin. − Wahrhaftig, mir ging es nicht besser als jenem, welcher glaubte er
sei von Glas [...]' Als er nun mittags durch den Garten des Archivarius Lindhorst ging,
konnte er sich nicht genug wundern, wie ihm das alles sonst so seltsam und wundervoll habe
vorkommen können. Er sah nichts als gewöhnliche Scherbenpflanzen, allerlei Geranien,
Myrtenstöcke und dergleichen. Statt der glänzenden bunten Vögel, die ihn sonst geneckt,
flatterten nur einige Sperlinge hin und her [...]" (72, 37−39, 73, 1 ff.). Und so erscheint ihm
auch das Verhalten des Archivarius als grillenhaft; Veronika in den Gedanken gleichsam mit
sich tragend, kann er den mythischen Bereich nicht erschließen, denn auf die Frage nach dem
Verlauf des vorangegangenen Punschabends verhält sich Anselmus nun selbst bieder-eng-
stirnig: „,Ach, gewiß hat Ihnen der Papagei', erwiderte der Student Anselmus ganz beschämt,
aber er stockte, denn er dachte nun wieder daran, daß auch die Erscheinung des Papageis
wohl nur Blendwerk der befangenen Sinne gewesen. ,Ei, ich war ja selbst in der Gesellschaft', fiel der Archivarius Lindhorst ein, ,haben Sie mich denn nicht gesehen? [...] ich
saß [...] in der Terrine [...]' [...] ,Wie kann der Archivarius nur solch tolles Zeug faseln',
sagte der Student zu sich selbst' [...]" (S. 73, 22 ff.). Die Realität mit sich schleppend, stockt
Anselmus nicht nur, sondern er ist in der Tat durch diese befangen, und sein Verhalten erinnert an das des Konrektors Paulmann und des Registrators, die in solchen Fällen dem
Hinterteil Blutigel zur Applikation empfehlen. Wenn das Zentrum des magischen Bereiches
für Anselmus sonst eschatologische Wirkung hervorbrachte, so ist er jetzt einer Todsünde
verfallen, denn die Dubitatio, die er dieser Heilswirkung gegenüber hegt, wird recht schnell
bestraft. Das, was ihm sonst so glücklich widerfuhr, und das, was ihm wie von selbst von der
Hand zu gehen schien, will und kann ja nicht mehr gelingen. Er verdirbt die Kopie, noch
mehr, er erkennt im Original nichts als krauses Wirrwarr. Auch hier bleibt Metaphysisches
versperrt: „[...] er sah auf der Pergamentrolle so viele sonderbare krause Züge und Schnörkel
durcheinander, die, ohne dem Auge einen einzigen Ruhepunkt zu geben, den Blick verwirr-
ten, daß es ihm beinahe unmöglich schien, das alles genau nachzumalen [...] er spritzte die
Feder ungeduldig aus, und − o Himmel! ein großer Klecks fiel auf das ausgebreitete Original" (73, 39−74, 1 ff.). Die Dubitatio[20a] führt über die Verwirrung und Verblendung zum
fürchterlichen Scheitern, denn die Originale bedeuten das Allerheiligste im mythischen Bereich, den zwar Anselmus nicht verlassen muß, aber aus dem er letztlich ausgeschlossen wird,
eingeengt in einer Kristallflasche. Der extreme Rückfall in die bürgerliche Enge verdeutlicht
sich in der nunmehr eingeengten Lage in der Flasche. Bewegungslos beginnt nun sein Leiden,

(20) Stegmann, Inge: Deutung und Funktion des Traumes bei E. T. A. Hoffmann. (Anm. 19), S. 208.
(20a) Eine der sieben Todsünden in der christlichen Ethik: Zweifel an Gott.

und er fühlt sich dem Wahnsinn nahe, erkennend doch, daß er schwer gesündigt habe: „‚Bin
ich denn nicht an meinem Elende lediglich selbst schuld, ach! habe ich nicht gegen dich
selbst, holde, geliebte Serpentina! gefrevelt? — habe ich nicht schnöde Zweifel gegen dich
gehegt? habe ich nicht den Glauben verloren und mit ihm alles, alles was mich hoch beglük-
ken sollte?'" (76, 6—11). Auffallend ist die Manier, in der Anselmus seinen Rückfall in das
Philiströse beklagt, denn er spricht wahrhaft in Worten, die der Heilslehre entstammen:
„gefrevelt" hat er, „Zweifel" hat er gehegt, den „Glauben verloren". Der bereute Unglaube,
also die Rückbesinnung auf seine Vision unter dem Holunderbusch und damit der Glaube
an die Intuition, verschafft ihm die Möglichkeit, wieder selbst so zu handeln, daß er den
mythischen Bereich zurückgewinnt und ihn nun klar gegen den der philisterhaften Welt ab-
zusetzen versteht.[21] Er erkennt die Borniertheit derjenigen, die nicht andauernd schmerzhaft an das Glas — die Begrenzung — stoßen, sondern sich in ihrem Gefängnis wohlfühlen.
„‚Ach, meine Herren und Gefährten im Unglück', rief er aus, ‚wie ist es Ihnen denn möglich,
so gelassen, ja so vergnügt zu sein, wie ich es an Ihren heitern Mienen bemerke? — Sie sitzen
ja doch ebenso gut eingesperrt in gläsernen Flaschen als ich, und können sich nicht regen
und bewegen, ja nicht einmal was Vernünftiges denken, ohne daß ein Mordlärm entsteht
mit Klingen und Schallen [...] Aber Sie glauben gewiß nicht an den Salamander und an die
grüne Schlange.' — ‚Sie faseln wohl, mein Hr. Studiosus', erwiderte ein Kreuzschüler, ‚nie
haben wir uns besser befunden [...]'" (76, 22—33). Es ist nun das Verhalten, das Anselmus
letztlich befreit, denn er erkennt die bürgerliche Lage, die nie „[...] Freiheit und Leben in
Glauben und Liebe" (77, 17) ermöglichen wird, und, seiner Holunderbuschvision folgend,
prädestiniert er sich für den Eintritt in Atlantis, denn nun wird ihm allmählich freier und
freier im Glase zumute, ohne daß er erkennt, daß er auf der Elbbrücke steht. Sein Verhalten
ähnelt damit dem, das er unter dem Holunderbusch zeigte, er negiert die Wirklichkeit und
schafft, wie damals schon, in einem quasi künstlerischen Akt etwas, das wiederum ihn er-
schafft.

3 Kritik und Utopie im ‚Goldnen Topf'

„‚Mit dem Anselmus ist nun einmal in der Welt nichts anzufangen', sagte der Konrektor
Paulmann; ‚alle meine guten Lehren, alle meine Ermahnungen sind fruchtlos, er will sich
ja zu gar nichts applizieren, unerachtet er die besten Schulstudia besitzt, die denn doch die
Grundlage von allem sind.' Aber der Registrator Heerbrand erwiderte schlau und geheimnisvoll lächelnd: ‚Lassen Sie dem Anselmus doch nur Raum und Zeit, wertester Konrektor! das
ist ein kurioses Subjekt, aber es steckt viel in ihm, und wenn ich sage: viel, so heißt das: ein
geheimer Sekretär, oder wohl gar ein Hofrat.' — ‚Hof' — fing der Konrektor im größten Erstaunen an, das Wort blieb ihm stecken. — ‚Still, still', fuhr der Registrator Heerbrand fort,
‚ich weiß, was ich weiß! — Schon seit zwei Tagen sitzt er bei dem Archivarius Lindhorst
und kopiert, und der Archivarius sagte gestern abend auf dem Kaffeehause zu mir: ‚Sie
haben mir einen wackern Mann empfohlen, Verehrter! — aus dem wird was', und nun bedenken sie des Archivarii Konnexionen — still — still — sprechen wir uns übers Jahr!'"
(32, 4—22).
Dieser Dialog zweier Philister zu Beginn der fünften Vigilie ist besonders aussagekräftig in
mehrfacher Hinsicht und fördert komplexe Merkmale und Intentionen des ‚Goldnen Topfes'
zutage. Das augenzwinkernde Spiel mit dem aufmerksamen (sic!) Leser besteht darin, daß

---

(21) Vgl. Sheldon, A.: The existing interrelation between substantial reality and utopian dream in the tale.
Diss phil. University of Quebec (maschinenschriftlich). Quebec 1980, S. 122ff.

letzterer schon mehr und anderes ahnt als der Konrektor, welcher resignierend argwöhnt, Anselmus könnte seine hervorragenden Anlagen und Voraussetzungen vertun. Doch auch der sich preziös wissend gebende Registrator wird durch die Distanz seiner Einschätzung zu der Vermutung des Lesers ironisiert, denn Anselmus wird nicht Hofrat, sondern Rittergutsbesitzer in Atlantis. Indem der Erzähler schon hier die Diskrepanz zwischen dem Einschätzungsvermögen der beiden Beamten und den tatsächlichen Verhältnissen verdeutlicht, stellt er nicht allein das Philistertum bloß, sondern auch die Aufklärung. Die Identität von Philister und Aufklärer wird stets dann deutlich, wenn die wunderbaren Erlebnisse des Anselmus oder des Archivarius von den beiden Beamten zur Allegorie erklärt werden – ein Ergebnis aufklärerischen, skeptischen Urteilens.

Philister und Aufklärer sind bei Hoffmann nicht zufällig ein und dieselbe Person; „im Philister ist die Aufklärung unsterblich geworden, er ist gleichsam ein Stück Aufklärung, gesehen durch das Temperament ihrer Gegner‘‘[22]. Diese gruppenspezifische Sichtweise der Aufklärung, die unbedenklich entstellende Vereinfachungen impliziert, ist schon bei Novalis erkennbar – allerdings ist sein Prototyp eines Aufklärers, der Schreiber in Klingsors Märchen, geradezu tödlich gefährlich, während die Philister bei Hoffmann eher beschränkt erscheinen. In ‚Die Christenheit oder Europa‘ zeigt Novalis auf, wie die Romantiker zu dieser Aufklärungsinterpretation gelangten: „Der anfängliche Personalhaß gegen den katholischen Glauben ging allmählich in Haß gegen die Bibel, gegen den christlichen Glauben und endlich gar gegen die Religion über. Noch mehr – der Religions-Haß dehnte sich sehr natürlich und folgerecht auf alle Gegenstände des Enthusiasmus aus, verkätzerte Phantasie und Gefühl [...]‘‘[23].

Philiströs wird der so gezeichnete Aufklärer, weil er nur das Alltagsleben lebt, wohingegen doch gelte, was Novalis apodiktisch feststellt: „Schade daß die Natur so wunderbar und unbegreiflich, so poetisch und unendlich blieb, allen Bemühungen sie zu modernisieren zum Trotz.‘‘[24] Ausdruck einer solchen Weltinterpretation ist der Archivarius Lindhorst, der zwar einerseits als honoriger Bürger lebt, andererseits die philiströse Sphäre durch seine mythische Ahnenreihe transzendiert. Anselmus andererseits löst sich zunehmend von der bürgerlichen Alltagsrealität, wobei er jedoch so lange wie möglich den Anschein des Bürgerlichen zumindest partiell wahrt. Wöllner spricht in diesem Zusammenhang vom Mittel der Enharmonik, dessen sich Hoffmann auch in seiner Oper ‚Undine‘ bedient habe: „Derselbe Akkord kann verschieden aufgefaßt werden und führt, wenn der Komponist sich diese Doppeldeutigkeit zunutze macht, sehr schnell und überraschend in eine weit entfernte Tonart. So wird die Handlungsebene gewissermaßen mit einem Ruck verschoben bzw. sie führt in eine ganz andere Richtung.‘‘[25]

Diese musikalische Technik beschreibt grundsätzlich auch das Kompositionsprinzip des ‚Goldnen Topfes‘, das wir an verschiedenen Merkmalen aufgewiesen haben.

Wichtig ist Hoffmann offenbar, daß die Modulation eine Identität herstellt, so daß nicht des Anselmus Beamtenlaufbahn in spe real erscheint, sein Dichtertum aber nur allegorisch. Während Novalis und Friedrich Schlegel sich noch einig darin waren, das Höchste sei nur allegorisch zu beschreiben, wehrt sich Hoffmanns Figur Lindhorst energisch gegen die allegorische Deutung seiner Abkunftserzählung durch Heerbrand: „‚Ja, lacht nur recht herzlich‘, fuhr der Archivarius Lindhorst fort, ‚euch mag wohl das, was ich freilich nur in ganz dürfti-

---

(22) Wöllner, Günter: E. T. A. Hoffmann und Franz Kafka. Von der „fortgeführten Metapher‘‘ zum „sinnlichen Paradox‘‘. Bern, Stuttgart 1971, S. 74.
(23) Zitiert nach: Erzählungen der Romantik, Mit Materialien, ausgewählt von Wilhelm Große. Editionen. Klett, Stuttgart 1981, S. 124.
(24) (Anm. 23), S. 125.
(25) Wöllner (Anm. 22), S. 75.

gen Zügen erzählt habe, unsinnig und toll vorkommen, aber es ist dessen unerachtet nichts weniger als ungereimt oder auch nur allegorisch gemeint, sondern buchstäblich wahr'" (21, 7–12). Wenn Lindhorst sich hier gegen eine allegorische Deutung wehrt, so bescheinigt er beiden Sphären seiner Existenz volle Gültigkeit. Allegorie hieße Nichtidentität, denn sie ist nicht, sondern bedeutet; somit wäre ein Dualismus anzunehmen, in dem eines Verweisungscharakter im Hinblick auf ein anderes hätte. Wenn aber keine Allegorie obwaltet, so heißt das die Auflösung eines Ideals in Wirklichkeit, womit „die reine, unreflektierte Anschauung an die Stelle der rationalen Begriffsbestimmung tritt"[26].

Nun darf aber keineswegs der Fehler begangen werden, von Lindhorsts Sichtweise auf die des Autors Hoffmann zu schließen. Die Aufhebung der Allegorie ist noch nicht allein dadurch glaubwürdig, daß Lindhorst sie verlangt; sie gewinnt hingegen an Wahrscheinlichkeit, sobald der Erzähler selbst in diesem Zusammenhang ein Zeichen setzt.

So wirkt denn das Eingeständnis der Unfähigkeit sehr überzeugend: „Wie fühlte ich recht in der Tiefe des Gemüts die hohe Seligkeit des Studenten Anselmus, der mit der holden Serpentina innigst verbunden, nun nach dem geheimnisvollen wunderbaren Reiche gezogen war, das er für die Heimat erkannte, nach der sich seine von seltsamen Ahnungen erfüllte Brust schon so lange gesehnt. Aber vergebens blieb alles Streben, dir, günstiger Leser, all die Herrlichkeiten, von denen Anselmus umgeben, auch nur einigermaßen in Worten anzudeuten. Mit Widerwillen gewahrte ich die Mattigkeit jedes Ausdrucks. Ich fühlte mich befangen in den Armseligkeiten des kleinlichen Alltagslebens, ich erkrankte in quälendem Mißbehagen, ich schlich umher wie ein Träumender, kurz, ich geriet in jenen Zustand des Studenten Anselmus, den ich dir, günstiger Leser! in der vierten Vigilie beschrieben. Ich härmte mich recht ab, wenn ich die elf Vigilien, die ich glücklich zustande gebracht, durchlief, und nun dachte, daß es mir wohl niemals vergönnt sein werde, die zwölfte als Schlußstein hinzuzufügen, denn so oft ich mich zur Nachtzeit hinsetzte, um das Werk zu vollenden, war es, als hielten mir recht tückische Geister (es mochten wohl Verwandte — vielleicht Cousins germains der getöteten Hexe sein) ein glänzend poliertes Metall vor, in dem ich mein Ich erblickte, blaß, übernächtig und melancholisch, wie der Registrator Heerbrand nach dem Punsch-Rausch. — Da war ich denn die Feder hin und eilte ins Bett, um wenigstens von dem glücklichen Anselmus und der holden Serpentina zu träumen" (88, 10—89, 3).

Der bekannte Unfähigkeitstopos, hier die inopia verbi, wird verbunden mit der zum vermehrten Male auftretenden Spiegelsymbolik, die Wöllner[27] über die doppelte Bedeutung des Wortes „Reflexion" deutet: Der Versuch der gedanklichen Fassung scheint den Erzähler hier also daran zu hindern, mehr zu sehen als sein eigenes trauriges Spiegelbild. Jeder Versuch einer konventionellen Darstellung des Wunderbaren stieße also auf eine Aporie, so daß der Erzähler zur Beglaubigung der Existenz des Wunderbaren selbst in die Geschichte eintritt. Damit ist fraglos die Beteuerung Lindhorst untermauert; aus dem fernen Ideal, nur allegorisch anzudeuten, wird Realität, aus Dualismus wird Monismus. „Wer in die Märchenhandlung eingegangen ist, hat für sich die Duplizität des Seins aufgelöst; die doppelgängerhafte Aufspaltung der Existenz in eine wundergläubige und eine aufklärerische Instanz, die übersinnliche Vorgänge mit dem Begriff ‚Allegorie' rationalisiert und damit ihres Geheimnisses beraubt, ist (zumindest vorübergehend) rückgängig gemacht. Die Idee des Märchens kann konsequent nur ausführen, wer selber Märchengestalt wird — so ließe sich, etwas überspitzt formuliert, das Gesagte zusammenfassen."[28]

---

(26) Wöllner (Anm. 22), S. 76.
(27) (Anm. 22), S. 77.
(28) (Anm. 22), S. 77f.

Was also mit des Erzählers Eingang in die erzählte Welt vollzogen wird, ist nichts anderes als die Aufhebung literarischer in gelebter Poesie. Damit wäre Utopia erreicht und von der Ortlosigkeit in die Wirklichkeit geholt. Das Paradoxon allerdings besteht darin, daß auch dieses Geschehen literarisch vermittelt werden muß, wodurch eine grundsätzliche Ironie hergestellt wird, die ihre Vertiefung durch die im vorhergehenden Kapitel geannnten erzählerischen Mittel erfährt.

Im Hinblick auf den Autor Hoffmann wird die fortbestehende Utopie um so eindringlicher, je mehr er im Märchen die Utopie zum Sein erklärt. Gerade weil dieser Weg literarisch darstellbar wird, ist die reale Dichotomie Beamtentum – Dichtertum für Hoffmann schmerzhaft erfahren. Und doch geht aus dem Märchen ein Trost hervor, der darin besteht, daß das scheinbar statische Neben- und Gegeneinander zweier Wirklichkeiten zugunsten einer Dynamik aufgehoben wird, die aufweist, daß beide Welten auf einen gemeinsamen Ursprung zurückzuführen sind. Dieses sichtbar zu machen, ist Hoffmanns Werk vorzüglich geeignet, während der Versuch, die Antithetik (schon jetzt) zu überwinden, durchaus ironisch gezeichnet wird. Anselmus zwar überwindet denn doch die Antithetik, wird dafür aber der einen Welt ganz entrückt ins ferne Atlantis; der Erzähler hingegen kann nur eine bleibende Erinnerung von einem Eindruck der anderen Welt für sich retten. Indem der Erzähler eine kurze Vision des Eschatologischen genießt, ist ihm viel Sicherheit gegeben bis zu dem Zeitpunkt, wo es wirklich wird. Diese Gewißheit zu vermitteln, mußte die Vorwegnahme durch Anselmus gelingen, eine Vorwegnahme, die nur in Ausnahmefällen möglich ist. Interessanterweise aber bringt in diesem Märchen nicht der Tod die endgültige Vereinigung mit der anderen Welt, was allzu leicht Hoffmanns Intention unterlaufen könnte, da dann jegliches Bemühen um die Erfahrbarkeit des Zauberreiches – also die Poetisierung der Welt – entfiele.

4 Erzählhaltung und Leserlenkung

Literarische Texte sind geprägt durch eine Sprache der Hervorbringung, d.h., sie besitzen keine exakte Entsprechung in der Erfahrungsrealität, sondern benutzen deren Segmente zur Schaffung einer eigenen Welt. „Kein Wunder also, daß man diese Texte als Fiktionen bezeichnet, denn Fiktion ist Form ohne Realität."[29] Die spezifische Gestalt der fiktionalen Welt des Werkes ist das Produkt bewußter und unbewußter Intentionen und Einstellungen des Autors, der bemüht ist, seine lesenden Adressaten in bestimmter Weise zu beeinflussen. Diese intendierte Leserlenkung erfolgt sowohl über das Sujet als auch über das Arrangement der Einzelelemente und die Haltung des Erzählers zum Erzählten.

Nachdem die ersten beiden Aspekte bereits erörtert wurden, bleibt die Frage nach der Erzählhaltung zu beantworten, was insofern besonders diffizil ist, als der Erzähler im ‚Goldnen Topf' überwiegend zurückgezogen erscheint, gleichsam versteckt. Personal beginnt das Märchen, also ohne erkennbare Einmischung eines Erzählers, so daß der Leser den unverstellten Blick auf das Geschehen vermuten darf. Doch schon recht früh erfolgt der erste subtile Hinweis, daß doch jemand an einer bestimmten Perspektive interessiert ist, wenn nämlich der unglückliche „junge Mensch" als „Student Anselmus" vorgestellt wird (3, 24f.). Besonders die Tatsache, daß der Erzähler diese Vorstellung in Klammern rückt, läßt aufmerken. Nicht irgendein Student namens Anselmus wird hier vorgestellt, sondern der Anselmus, den man kennt und über dessen Auftritt in dieser Szene man erstaunt sein mag oder auch nicht. Die Art der Einführung des Protagonisten suggeriert schon eine Nähe zwischen Erzähler und Leser, so daß es keiner langen Exposition hinsichtlich der Hauptfigur bedarf.

---

(29) Iser, Wolfgang: Die Appellstruktur der Texte. In: Schlingmann, Carsten (Hrsg.): Methoden der Interpretation. Stuttgart 1985, S. 142.

Die erste Durchbrechung der personalen Erzählhaltung legt gleichzeitig dezente Züge der Ironie frei, einer Ironie, die einen Schwebezustand hervorruft, der darin besteht, daß der Leser plötzlich ins Vertrauen gezogen wird, das aber nicht Sicherheit, sondern Unruhe hervorruft: Der ungeschickte junge Mann ist plötzlich nicht mehr der Fremde und doch noch völlig unbekannt.

Was aber ist die spezifische Leistung der überwiegend im Werk zu findenden personalen Erzählsituation? Sie ermöglicht die Suggestion einer eingeschränkten Perspektive, indem das Geschehen aus der Sicht der beteiligten Figuren dargestellt wird. „Da gingen ihm wieder all die seltsamen Abenteuer, welche er erlebt, mit glühenden Farben durch den Sinn, und ein namenloses Gefühl von Wonne und Schmerz durchschnitt seine Brust" (42, 8–11). „Es ist vor allem die Illusion der Unmittelbarkeit, mit welcher das dargestellte Geschehen zur Vorstellung des Lesers wird, welche als charakteristisches Merkmal der personalen Erzählsituation anzusehen ist."[30]

Es hieße jedoch, einem Anachronismus das Wort reden, wollte man aus der vorherrschend personalen Form ein philosophisches Prinzip der objektivierenden Darstellung oder gar differenzierendes Psychologisieren ableiten, die häufig mit diesem Gestaltungstypus verbunden werden. Auch ist keineswegs von Hoffmann intendiert, den Gegenstand unparteiisch zu beschreiben; es bleibt nämlich zu fragen, weshalb gerade Anselmus zum Protagonisten bestellt wird, weshalb also seine Perspektive die dominante sein soll. Indem er mit den Augen des Anselmus sieht, mit seinen Sinnen fühlt, lernt der Leser das Staunen über unglaubliche Dinge, aber auch das einfältige und doch intensive Wissenwollen. Gerade weil der Student es so erfährt, mag auch der Leser das Unbekannte durch das Vertraute schimmern sehen, somit die Symbiose zweier Welten nachvollziehen lernen. Indem Anselmus der Reflektor des Geschehens ist, wird das Wunderbare nicht mehr identifiziert, was Abgrenzung bedeutete, sondern bleibt wie auch die Erfahrungsrealität ständiger Wandlung und Schwankung unterworfen.

Auch Just weist darauf hin, daß Hoffmanns „Blickführung" darauf gerichtet sei, die Grenzziehung zwischen beiden Welten aufzulösen[31], was am glaubwürdigsten und erzähltechnisch überzeugendsten durch die Perspektive des Protagonisten geschehen kann. „Der Archivarius hatte dem Studenten Anselmus ein kleines Fläschchen mit einem goldgelben Liquor gegeben, und nun schritt er rasch von dannen, so, daß er in der tiefen Dämmerung, die unterdessen eingebrochen, mehr in das Tal hinabzuschweben als zu gehen schien. Schon war er in der Nähe des Koselschen Gartens, da setzte sich der Wind in den weiten Überrock und trieb die Schöße auseinander, daß sie wie ein Paar große Flügel in den Lüften flatterten, und es dem Studenten Anselmus, der verwunderungsvoll dem Archivarius nachsah, vorkam, als breite ein großer Vogel die Fittige aus zum raschen Fluge" (31, 2–13).

Kein auktorialer Erzähler bewertet nun diese Erscheinung, prüft ihren Wahrscheinlichkeitsgehalt; die Reflexion wird schließlich Anselmus selbst überlassen, der nach anfänglichem Zweifel an seiner Wahrnehmung zu dem Ergebnis kommt, es müsse denn der Archivarius sich wohl tatsächlich in einen Geier verwandelt haben (31, 18–21). Völlig wird der Leser in des Anselmus Sichtweise der Dinge einbezogen, wenn der 'versteckte' Erzähler die Gedanken des Studenten in wörtlicher Rede wiedergibt: „„Er kann aber auch selbst in Person davongeflogen sein der Archivarius Lindhorst', sprach der Student Anselmus zu sich selbst [...]" (31, 20f.).

---

(30) Stanzel, Franz K.: Typische Formen des Romans. Göttingen ⁶1972, S. 17.
(31) Just, Klaus Günther: Blickführung bei E. T. A. Hoffmann. In: Marginalien. Probleme und Gestalten der Literatur. Bern, München 1976, S. 69f.

Dennoch bleibt es fraglich, ob Ingeborg Scholz zuzustimmen ist, wenn sie behauptet, daß somit die Suggestion geschaffen sei, alles Wunderbare sei real.[32] Denn — oben wurde es bereits gesagt — das die Feststellung treffende Medium, hier Anselmus, ist auf seine Kompetenz hin zu überprüfen. Wenn hier aber diese Kompetenz noch zusätzlich durch den Genuß von Alkohol eingeschränkt ist, so wird die Aussage relativiert, ironisch in Frage gestellt.

Grundsätzlich ist es zwar denkbar und möglich, daß der Leser durch die personale Erzählweise auf das Bewußtsein einer Figur fixiert wird, somit durch deren Sichtweise sich leiten läßt; doch genauso plausibel ist die Vermutung, der Autor könnte eine eingeschränktere Perspektive als seine eigene und eventuell die des Lesers gewählt haben, um das Dargestellte zu relativieren, Widerspruch herauszufordern.

Schafft es der Autor E. T. A. Hoffmann durch die personale Erzählsituation also, dem Leser eine scheinbar gültige Perspektive zu suggerieren, die aber mit subtilen Mitteln gleich wieder in Frage gestellt wird, so ist die Blickführung noch zusätzlich durch schon erwähnte auktoriale Einmischungen kompliziert. In der vierten Vigilie fragt der Erzähler beispielsweise den Leser, ob dieser nicht auch verschiedentlich in der alltäglichen Mühsal die „Sehnsucht nach dem unbekannten Etwas" (25, 3 f.) verspüre, womit das identifikatorische Lesen expressis verbis gefordert wird: „Ist dir, günstiger Leser, jemals so zu Mute gewesen, so kennst du selbst aus eigner Erfahrung den Zustand, in dem sich der Student Anselmus befand" (25, 12–14).

Nennt Iser die in der direkten Ansprache „entwickelte Autor-Leser-Beziehung [...] eine Formkonstante erzählender Prosa", die ihre besondere Ausprägung im Roman des 18. Jahrhunderts finde[33], so ist im Hinblick auf den ‚Goldnen Topf' sicherlich von einer Erzähler-Leser-Beziehung zu sprechen, womit deutlich werden soll, daß nicht der biographische Autor in Kommunikation mit dem Leser tritt, sondern dessen fiktive „Selbststilisierung"[34]. Die Stilisierung des Autors zum auktorialen Erzähler am Beginn der vierten Vigilie nun fördert einen Kommentator zutage, der bemüht ist, den Geltungsanspruch des bisher Dargestellten zu beteuern, was ganz deutlich darin wird, daß er Erklärungen sucht, die zu seiner Zeit in der Diskussion standen, so z. B. die Leistung des Traumes als Argument heranzieht (25, 36). Geradezu beschwörend fordert er den Leser auf, sich auf das Mitgeteilte einzulassen: „[...] versuche es, geneigter Leser!" (25, 36 f.).

Somit ist für diesen auktorialen Eingriff Wührl zu widersprechen, wenn er behauptet: „Alles das ist ‚romantische Ironie', ‚Fiktionsnennung', aus der Erzähltechnik eines Laurence Sterne (1713–68) und Jean Paul"[35]. Vielmehr wird an dieser Stelle Fiktion aufrechterhalten, die Fiktion nämlich, das erzählte Geschehen sei trotz aller Skurrilitäten glaubwürdig. Gerade weil des Anselmus Erlebnisse so unwahrscheinlich anmuten, bedarf es der kompetenten Hilfestellung eines auktorialen Erzählers. Gleichzeitig wird dadurch explizit ein vertrauliches Verhältnis zwischen Erzähler und Leser hergestellt, das es nun ermöglicht, den Rezipienten noch anfälliger für Anleitung und Lenkung zu machen; der Erzähler kann so deutlich Überhand gewinnen. Er gibt sogar durchaus zu, daß er ein gleichsam didaktisches Anliegen habe: „Du wirst dann glauben, daß dir jenes herrliche Reich viel näher liege, als du sonst wohl meintest, welches ich nun eben recht herzlich wünsche, und dir in der seltsamen Geschichte des Studenten Anselmus anzudeuten strebe" (25, 39–26,4). — Nicht die Fiktion wird also

---

(32) Scholz, Ingeborg: Ernst Th. A. Hoffmann: Das Fräulein von Scuderi — Der Goldne Topf. Interpretation und unterrichtspraktische Vorschläge. Hollfeld 1985, S. 70.
(33) Iser, Wolfgang: Der implizite Leser. Kommunikationsformen des Romans von Bunyan bis Beckett. München ²1979, S. 169.
(34) (Anm. 33), S. 170.
(35) Wührl: E. T. A. Hoffmann, ‚Der Goldne Topf' (Anm. 1), S. 71.

durchbrochen, sondern die Illusion, die Geschichte des Anselmus könnte um ihrer selbst willen zur Erbauung erzählt werden; es soll an dieser Kasuistik eine allgemeine Wahrheit bekundet werden.

Der Leser wird also Beteuerungen und Verunsicherungen gleichermaßen ausgesetzt: Einerseits hat der likörtrinkende Student seltsame Erscheinungen, andererseits werden diese durch einen deutlich kundigeren auktorialen Erzähler für wahrscheinlich erklärt. Wieder ist ein Schwebezustand hergestellt, der als Konstitutivum der romantischen Ironie gilt. Diese Ironie wird durch die weiteren auktorialen Einmischungen progressiv entfaltet. So wird der Leser in der siebten Vigilie geradezu aufgefordert, sich neben den Erzähler zu stellen und sich „dem Anblick dieses Rembrandtschen oder Höllenbreughelschen Gemäldes" (53, 15 f.) auszusetzen, um dem Hexenspuk der Alten und Veronikas beizuwohnen. Indem der Erzähler die Beteiligung des Lesers an diesem Szenario im Indikativ schildert („schriest du laut auf"; 53, 30), erklärt er das Groteske formal für real, bevor er schließlich sagt: „Weder du, günstiger Leser! noch sonst jemand, fuhr oder ging aber am dreiundzwanzigsten September in der stürmischen, den Hexenkünsten günstigen Nacht des Weges [...]" (53, 39–54, 3). – Die Ironie besteht darin, daß der Erzähler schon fast zur Kumpanei mit dem Leser greifen muß, um etwas plausibel zu machen, was durch das „Höllenbreughelsche" völlig archaisch anmutet. Diese naive Intimität, dieses Fraternisierungsstreben stilisiert den Erzähler zur personifizierten Hilflosigkeit, macht ihn damit nicht unbedingt glaubwürdig.

Die verzweifelten Anstrengungen des Erzählers, dem Leser das Unglaubliche noch nachvollziehbar darstellen zu wollen, nehmen zu Beginn der zehnten Vigilie schon komische Züge an. Die Unmöglichkeit dieses Unterfangens wird gleich eingangs angedeutet: „Mit Recht darf ich zweifeln, daß du, günstiger Leser! jemals in einer gläsernen Flasche verschlossen gewesen sein solltest [...]" (75, 6–8). Um die Lage des Anselmus in der Flasche ermessen zu können, mutet der Erzähler dem Leser implizit, wie Wührl zu Recht meint, die Vorstellung eines „gewaltigen Punschkater(s)"[36] zu. Das Komische besteht hier in dem Mißverhältnis zwischen der vermeintlichen Absicht, die ungeheure Situation des Anselmus zu veranschaulichen, und dem dazu gewählten Weg der verdeckten Beschreibung eines exorbitanten Rausches. Nicht allein die doch existentielle Not des eingeschlossenen Studenten, sondern auch die des bemühten auktorialen Erzählers wird hier karikiert und damit das Ganze einer relativierenden Betrachtung ausgeliefert.

Diese Relativierung des Geltungsanspruches wird im weiteren auf unterschiedliche Weise fortgesetzt. So will gegen Schluß der elften Vigilie der mittlerweile zum Hofrat erhobene ehemalige Registrator Heerbrand keineswegs des Konkretors Paulmann Diagnose, Veronika sei wahnsinnig (86, 39), gelten lassen. Er attestiert ihr zwar „einige Neigung für den vertrackten Anselmus", glaubt auch an eine vorübergehende „Überspannung"; Veronikas Bericht über Anselmus und die grüne Schlange „ist wohl nur eine poetische Allegorie – gleichsam ein Gedicht [...]" (87, 2–13) – von Fiktionsnennung könnte man nur reden, hätte Hoffmann diesen Strang weiter verfolgt und den auktorialen Erzähler ähnliches sagen lassen. Doch es bleibt dabei, daß allein der philiströse Heerbrand diese Deutung versucht, der auktoriale Erzähler ihn in der letzten Vigilie aber desavouiert. Auch darin liegt wieder ein Element der Ironie begründet, das im Spiel mit dem Leser besteht. Denn gegen Ende der Erzählung könnte der Leser, Heerbrands Ausführungen erinnernd, durchaus eine so gelagerte Auflösung der Geschichte vermuten. Doch es kommt anders, indem der Erzähler in die Fiktion tritt und dem Archivarius begegnet, nachdem der ihm einen Brief geschrieben hat. Die Fiktion ist zumindest formal nicht durchbrochen, sondern aufrechterhalten, wenn der Erzähler zunächst einen typischen Unfähigkeitstopos formuliert: „Aber vergebens blieb

---

(36) Wührl: E. T. A. Hoffmann, ‚Der Goldne Topf‘ (Anm. 1), S. 71.

alles Streben, dir, gütiger Leser, all die Herrlichkeiten, von denen Anselmus umgeben, auch nur einigermaßen in Worten anzudeuten" (88, 15—18).

Wenn der Erzähler hier beteuert, dem Sujet nicht gewachsen zu sein, so bedeutet das in diesem Falle nicht, daß er zu hoch gegriffen hätte in der Erfindung seines Gegenstandes, sondern daß das autonome Geschehen für ihn zu mächtig sei. Lindhorst hilft schließlich dem Erzähler, das Werk zu vollenden, und zwar kompetenter, als das vom „Hörensagen" (90, 7) her möglich sei. Wenn also die Fiktion auch in der zwölften Vigilie durchaus erhalten bleibt, so nimmt doch das Infragestellen weiter zu: Der Erzähler kennt sich nicht so gut aus wie Lindhorst, wodurch diese Figur plötzlich sich nicht allein von ihrem Erzähler emanzipiert, sondern deutlich dominiert. Der Archivarius als der „heimliche" Erzähler würde die Bedeutung des Verschmelzens beider Welten noch unterstreichen und damit zusätzlich die Glaubwürdigkeit alles Gesagten betonen. Doch zuvor — in seinem Brief an den Erzähler — hat sich Lindhorst selbst der notwendigen Souveränität beraubt: „Unerachtet ich nun nicht eben gern sehe, daß Sie mein eigentliches Wesen der Lesewelt kund getan, da es mich vielleicht in meinem Dienst als Geh. Archivarius tausend Unannehmlichkeiten aussetzen, ja wohl gar im Collegio die zu ventilierende Frage veranlassen wird: inwiefern wohl ein Salamander sich rechtlich und mit verbindenden Folgen als Staatsdiener eidlich verpflichten könne [...]" (89, 14—20). Die schillernde Figur des Archivarius als um sein Beamtentum fürchtender Philister — damit wird der Apologet des Wahrheitsgehaltes der Geschichte zum ängstlichen Biedermann.

Wenn ganz zum Schluß eben dieser Staatsdiener zweier Welten dem Erzähler jovial auf die Schulter klopft und ihn, der Atlantis nur gesehen hat, aber nicht in ihm wohnen kann, tröstet, daß Atlantis nichts anderes sei als das Leben in der Poesie und der Erzähler zumindest einen „Meierhof" in diesem Bezirk sein Eigen nenne (94, 1 f.), so bleibt die ganze Geschichte immer noch möglich, doch sie könnte auch Poesie gewesen sein — es wäre gleich gut, denn die tiefsten Geheimnisse wären entdeckt.

Die Mischung aus personaler und auktorialer Erzählsituation führt also nicht espressis verbis zur Fiktionsnennung. Doch sind die auktorialen Teile dazu angelegt, einen ironischen Schwebezustand zu unterstreichen, der auch in der personalen Gestaltung schon im Kern vorhanden ist. Nicht nur, daß Anselmus ein durchaus fragwürdiges Medium darstellt, ist in diesem Zusammenhang von Belang, sondern auch der schnelle Wechsel der Perspektiven, der durch die Schnitte zu den Sichtweisen der anderen Figuren entsteht. Hier stoßen schematisierte Ansichten oft unvermittelt aufeinander, wodurch Leerstellen entstehen, deren Füllung durch den Leser nicht eindeutig sein kann.[37]

Die Leserlenkung scheint in vielen Fällen darauf hinauszulaufen, dem Rezipienten die Wahrscheinlichkeit des Geschehens zu verdeutlichen, ihn fraternisierend an die Hand zu nehmen. Doch letztlich ist der intendierte Leser ein emanzipierter, denn ihm wird ein sehr selbständiges Urteil abgefordert. Das liegt zum einen an der überwiegend personalen Struktur, die eine szenische Gestaltung des Dargestellten mit sich bringt, da die einheitliche und ordnende panoramische Perspektive durch die vielen Schnitte nicht gegeben ist. Und wenn schließlich der auktoriale Erzähler dieses vermeintliche Manko auszugleichen versucht, diskreditiert er sich, wie wir sahen, zunehmend selbst, was zuletzt auch seinem Helfer Lindhorst geschieht. Wir haben also ein durchaus intellektuales Märchen vor uns, das einen ihm adäquaten Leser fordert. Außerdem zwinkert der hinter allem stehende Autor Hoffmann ihm zu, umfassendes Verstehen bekundend. Dieses Vertrauen zwischen dem Intellektuellen Hoffmann und seinem Leser wird beispielsweise angedeutet, wenn der Archivarius dem Erzähler das „Lieblingsgetränk Ihres Freundes, des Kapellmeisters Johannes Kreisler" (91, 8 f.), anbietet, womit dem Leser ein Augenzwinkern signalisiert wird.

---

(37) Vgl. Iser: Appellstruktur (Anm. 29), S. 146.

Diese Erzählhaltung, die zwischen der Hingabe an das Ungewöhnliche, verbunden mit einer Kritik der Alltagsrealität, und dem Vexierspiel mit dem Leser, d.h. Distanz, operiert, vereinbart letztlich Enthusiasmus mit Besonnenheit. Damit bleibt allerdings der Dualismus zwischen Erfahrung und Transzendenz letztlich bestehen; doch statt resignativer Ergebung liegt in der changierenden Gestaltung der Appell zur selbständigen Beurteilung durch den Leser, die nicht in einem Ja oder Nein, sondern vielmehr in einem differenzierten „Ja, aber" bestehen mag.

5 Der Atlantis-Mythos

„Dichter und Priester waren im Anfang Eins, und nur spätere Zeiten haben sie getrennt. Der echte Dichter ist aber immer Priester, so wie der echte Priester immer Dichter geblieben. Und sollte nicht die Zukunft den alten Zustand der Dinge wieder herbeiführen?"[38] — Fordert Novalis Priestertum vom Dichter, Schelling sogar die Schaffung eines neuen Mythos, so kommt Hoffmann durch das Märchen im Märchen diesem Postulat nach. Dabei erweist sich das scheinbare Binnenmärchen, der Mythos um den Jüngling Phosphorus und die Feuerlilie, letztlich als die zugrundeliegende Fabel, denn es ist auch die Vorgeschichte der Dichtung, so daß diese nur im Kontext des dann später noch entfalteten Mythos interpretierbar wird. Erst im Gesamtzusammenhang der okkulten Welt gewinnt also die Alltagsrealität ihre Funktion, die vorrangig in der Verifizierung des Wunderbaren zu sehen ist. Der in dieser Weise zum Hauptstück erhobene Mythos kann somit als eine Art Prolegomenon zu einem philosophischen System verstanden werden.

Haben wir bisher hauptsächlich das Widerspiel von Alltagsrealität und Wunderwelt betrachtet, soll nun untersucht werden, wie im Werk die Transzendenz von der empirischen Ebene zum mythischen Entwurf vollzogen wird. Der Protagonist Anselmus führt diesen Gang exemplarisch vor. Fast autistisch — der Student in einem Selbstgespräch — setzt die Situation ein; dann erhebt sich „ein sonderbares Rieseln und Rascheln" (7, 16f.), was zunächst nicht weiter bemerkenswert erscheinen müßte, wenn es sich nicht für den konzentriert lauschenden Anselmus zu identifizierbaren Worten verdichtete. Diese Worte aber gleichen Sphärenklängen, hervorgerufen durch Alliterationen, Anaphern, Assonanzen und reigenartige Rhythmik[39]: „,Zwischen durch — zwischen ein — zwischen Zweigen, zwischen schwellenden Blüten, schwingen, schlängeln, schlingen wir uns — Schwesterlein — Schwesterlein, schwinge dich im Schimmer — schnell, schnell herauf — herab — Abendsonne schießt Strahlen, zischelt der Abendwind — raschelt der Tau — Blüten singen — rühren wir Zünglein, singen wir mit Blüten und Zweigen — Sterne bald glänzen — müssen herab — zwischen durch, zwischen ein schlängeln, schlingen, schwingen wir uns Schwesterlein!'" (7, 28—36). In diese wunderbar beseelte Szene bricht des Studenten rationaler Erklärungsversuch, der allerdings durch einen „Dreiklang heller Kristallglocken" (8, 5) gestört wird. Mit dem zweiten Erklingen der Glocken ist des Anselmus Entrückung vollkommen: „Durch alle Glieder fuhr es ihm wie ein elektrischer Schlag, er erbebte im Innersten — er starrte hinauf [...]" (8, 18f.). Stegmann[40] sieht schon in der Diktion — „hinaufstarren" — das „verzückte Schauen" angedeutet, womit der Bereich von Traum und Vision erreicht wäre. Von diesem Zeitpunkt an gerät der Student immer häufiger in Phasen der Träumerei, womit aber keinesfalls das Geträumte dem Leser als Hirngespinst erklärt werden soll; vielmehr geht aus Hoffmanns Gesamtwerk deut-

---

(38) Novalis, Blütenstaub. Zitiert nach: Erzählungen der Romantik (Klett, Editionen, Anm. 23), S. 115.
(39) Vgl.: Stegmann (Anm. 19), S. 204.
(40) (Anm. 39), S. 205.

lich hervor, daß gleichsam meditative Versenkung die notwendige Vorstufe wahrhaften Sehens bedeutet. Insofern geht es hier im Hinblick auf den Leser nicht um eine Desillusionierung, sondern um den mimetischen Nachvollzug des Weges zu höherer Erkenntnis, die im Mythos ausgeführt sein wird.

In Anselmus ist die übergroße Sehnsucht wachgerufen, die den Zwiespalt zwischen der im Innern wachsenden Traumwelt und der äußeren Realität um so deutlicher akzentuiert. Gleichwohl ist der Student nun bereit, in das Reich der Poesie einzutreten, zumal da er in der traumhaften Begegnung am Holunderbusch mit der mythologischen Welt – noch unwissend – in Berührung kam, denn das goldgrüne Schlänglein ist – spätestens seit Schubert – „Symbol der Erkenntnis und Selbsterkenntnis"[41]. In Serpentina begegnet Anselmus also seinem höheren Traum-Ich, das Schlänglein fungiert „als innerer Spiegel, in dem das Ich sein höheres traumschimmerndes Selbst und die ihm zugehörige poetische Welt erschaut"[42]. Anselmus spürt selbst, wie sein Inneres erweckt wird, wenn er bei den Kopierarbeiten im Hause des Archivarius ausspricht: „,,Ach! könntest du denn das vollbringen, wenn du *sie* nicht in Sinn und Gedanken trügest, wenn du nicht an *sie*, an ihre Liebe glaubtest?" (47, 30–32).

Da Serpentina aber keineswegs nur ein psychologisches Symbol darstellt, vielmehr im Werk auch eine der handelnden Figuren ist, vermag der Leser das, was im Sinne der damaligen Zeit durchaus Veranschaulichung der Traumleistung sein könnte, nicht einfach in den Raum des Nichtexistenten zu verweisen. Hier wirkt wieder die Ironie Hoffmanns, der, wie oben in anderem Zusammenhang aufgewiesen, die Frage nach dem Geltungsanspruch des Märchens in der Schwebe hält. Dieser Schwebezustand zwischen „geträumter Selbstspiegelung und objektivem Schauen"[43] wird höchst anschaulich in einer anderen Szene, als Anselmus erstmalig den goldenen Topf erblickt: „Es war als spielten in tausend schimmernden Reflexen allerlei Gestalten auf dem strahlend polierten Golde – manchmal sah er sich selbst mit sehnsüchtig ausgebreiteten Armen – ach! neben dem Holunderbusch – Serpentina schlängelte sich auf und nieder ihn anblickend mit den holdseligen Augen. Anselmus war außer sich vor wahnsinnigem Entzücken. [...] Anselmus folgte beinahe besinnungslos dem davonschreitenden Archivarius. [...] Anselmus erwachte wie aus einem Traum [...]" (44, 38 – 45, 15).

Die Traumatmosphäre wird an dieser Stelle durch Worte wie „beinahe besinnungslos" oder „Traum" noch einmal beschworen, andererseits aber sogleich wieder aufgehoben durch ein Vergleichspartikel: „wie". Gerade dadurch wird deutlich, daß der ‚Goldne Topf' die Bewertung des Traumes bei Herder und Schubert adaptiert, um die damit verbundene tiefere Erkenntnis dann fiktiv realistisch zu gestalten.

Durch die Spiegelung im goldenen Topf ist Anselmus vorbereitet für den Eingang in Atlantis, um das nur punktuelle Erlebnis eines Traumparadieses für immer zu erfahren, da er hinter dem Alltagsbewußtsein mit Serpentinas Hilfe für immer die tiefere Seinsschicht erschlossen hat. Indem Anselmus in seiner Bewegung raumverändernd wirkt und die empirische Welt übersteigt, wird dem Leser die Utopie sichtbar. Im Mythos – allerdings immer eingedenk der in der Gesamtdarstellung liegenden Relativierungen – findet sich mithin der Schlüssel zum Verständnis des Werks. Lindhorst, der zunächst der einzige Zeuge des Lesers für das Reich des Wunderbaren ist, gibt in der dritten Vigilie einen Schöpfungsbericht, welcher der biblischen Genesis ähnelt, woraus ein triadisches Weltmodell entsteht: Unterhalb des Wassers, zunächst polar dem Geist entgegengestellt, liegen Abgründe, die bereit sind, das Wasser

---

(41) (Anm. 39), S. 209.
(42) (Anm. 39), S. 210.
(43) (Anm. 39), S. 210.

zu verschlingen, wenn es unter den Einfluß des Geistes gerät. Die Welt wird somit in die Auseinandersetzung zwischen einem oberen geistigen und einem unteren widergeistig-dämonischen Prinzip gestellt, deren Widerspiegelung auch in anderen Paaren sich findet: Sonne — Erde, Tal — schwarze Hügel. Durch hier nicht im Detail nachzuzeichnende Zeugungsvorgänge zentriert sich das Schöpfungsgeschehen im weiteren auf die Feuerlilie, welche das noch unbewußte Leben der Natur symbolisiert, und auf den Jüngling Phosphorus, zu dem die Lilie in höchster Liebe entflammt. Der aber warnt sie, ihr die Natur zu nehmen, sie grundlegend zu verändern: ,,,[...] und die höchste Wonne, die der Funke entzündet, den ich in dich hineinwerfe, ist der hoffnungslose Schmerz, in dem du untergehst, um aufs neue fremdartig emporzukeimen. — Dieser Funke ist der Gedanke!'" (19, 33—36).

Das denkende Bewußtsein also bringt in die bewußtlose Natur Zerstörung und Vereinzelung, gleichzeitig allerdings auch die Prophezeiung einer neuen Auferstehung nach dem Untergang. Die hinter diesen Konstruktionen stehende Behauptung ist die, daß das Denken die reine Anschauung zerstöre. Der Drache als Verkörperung des bösen Prinzips versucht vergeblich, die Entwicklung aufzuhalten, womit wohl ihre Notwendigkeit angedeutet ist. Abgesehen vom Hinzufügen des Drachens, folgt Hoffmann hier durchweg der Philosophie Schellings, die den Abfall der Ideen vom Göttlichen und ihren Eingang ins Irdische aus dem Verlangen nach Selbständigkeit erklärt, wofür sie gleichsam zur Sühne alle Stadien der Naturentwicklung durcheilen müssen. Die Gottheit aber — in übergroßem Verlangen nach Vollendung — befindet sich in dieser Weise im Prozeß der Selbstverwirklichung, womit Schelling die Entwicklung der Welt als Entfaltung der Gottheit erklärt. Der sich selbst bewußte Mensch nun kann sich als Teil des Göttlichen begreifen, womit er sich letztlich aus seiner Vereinzelung zu befreien vermag, sobald er vom Eingang in die schließlich unbewegte Gottheit weiß.[44]

Hoffmann verarbeitet in seinem Märchen Schellings Naturphilosophie in der Überformung durch Schubert. Dieser übernimmt in den ,Ansichten von der Nachtseite der Naturwissenschaft' (1808) Schellings Vorstellung von der Weltseele, welche jene Kräfte hervorbringt, die sich in stetiger Steigerung befinden; Anorganisches geht in Pflanzliches über, dieses verändert sich zur Tierwelt, daraus geht der Mensch hervor, der selbst wiederum sehnsüchtig „die Befreyung von den Planeten"[45] antizipiert, ganz besonders in Augenblicken hypnoseähnlicher Entrückung (vgl. des Anselmus traumartige Zustände).

Während Hoffmann die Feuerlilie und Phosphorus in ihrem symbolträchtigen Sinne von Schubert übernimmt, fügt er neben dem Drachen mit dem Äpfelweib ein weiteres Wesen hinzu, das in der mythischen Welt für einen Dualismus zwischen Gutem und Bösem sorgt, eine Entsprechung des Oben und Unten im Schöpfungsbericht (s. o.).

Die Wiederaufnahme des Mythos in der achten Vigilie differenziert den philosophischen Gehalt nur noch geringfügig, gewinnt Bedeutsamkeit hingegen vorrangig durch die Verknüpfung mit den Hauptfiguren des Märchens[46]: In Atlantis, dem zauberhaften Land, das Phosphorus mittlerweile beherrscht, hat sich der Salamander in die grüne Schlange verliebt, die Tochter des Phosphorus und der Feuerlilie. Phosphorus aber warnt den Prätendenten: ,,,[...] wenn du die grüne Schlange umarmst, wird deine Glut den Körper verzehren und ein neues Wesen schnell emporkeimend sich dir entschwingen'" (62, 5—7). Da der Salaman-

(44) Vgl. Egli, Gustav: E. T. A. Hoffmann. Ewigkeit und Endlichkeit in seinem Werk. Zürich, Leipzig, Berlin 1927, passim.
(45) Schubert, Gotthilf Heinrich: Ansichten von der Nachtseite der Naturwissenschaft. Dresden 1808. Zitiert nach: Hoffmann, Der Goldne Topf. Klett-Editionen, S. 112.
(46) Bolnow, Friedrich: Der ,Goldene Topf' und die Naturphilosophie der Romantik. Bemerkungen zum Weltbild E. T. A. Hoffmanns. In ders.: Unruhe und Geborgenheit im Weltbild neuerer Dichter. Stuttgart 1958, S. 214.

der diese Worte nicht beachtet, verbrennt die Schlange gemäß der Prophezeiung, woraufhin der Salamander zur Strafe auf die Erde verdammt wird – als Archivarius Lindhorst.

Der Elementargeist muß also ein entfremdetes Dasein führen, bis er seine drei Töchter, die drei grünen Schlänglein, eine spätere Frucht der doch noch erfolgten Vereinigung mit der grünen Schlange, verheiratet hat. Der Archivarius gehört mithin beiden Welten an, findet seine Erlösung aber erst, wenn seine drei Töchter „in der dürftigen armseligen Zeit der innern Verstocktheit" (63, 18 f.) nicht mit irgendwem, sondern mit drei Jünglingen poetischen Gemüts vermählt sein werden. Und so wird die „schöne Lilie [...] emporblühen aus dem goldnen Topf" (64, 22 f.), denn nun hat Anselmus „die Bürde des Gemeinen abgeworfen", „der Glaube an die Wunder der Natur, ja an seine eigene Existenz in diesen Wundern" (63, 23–26) ihn ergriffen. Anselmus ist also durch seine Offenheit für die Wunderwelt in der Lage, das Werk der Erlösung zu vollenden, womit deutlich der Einklang des einzelnen mit der Weltseele gezeichnet ist, seine Verantwortung betont. In dieser sympathetischen Welt hängt offensichtlich jedes einzelne mit jedem anderen einzelnen zusammen.

Und als Verbindendes hinter alledem könnte, wie Novalis es für das Universum postulierte, die Liebe als das Einende stehen; denn nachdem auch der letzte Angriff des bösen Prinzips, verkörpert in der Äpfelfrau, abgewehrt ist, kommt es aus Anselmus wie ein antiker Chor: „,Serpentina! – der Glaube an dich, die Liebe hat mir das Innerste der Natur erschlossen! – Du brachtest mir die Lilie, die aus dem Golde, aus der Urkraft der Erde, noch ehe Phosphorus den Gedanken entzündete, entsproß – sie ist die Erkenntnis des heiligen Einklangs aller Wesen, und in dieser Erkenntnis lebe ich in höchster Seeligkeit immerdar. – Ja, ich Hochbeglückter habe das Höchste erkannt – ich muß dich lieben ewiglich, o Serpentina! – nimmer verbleichen die goldnen Strahlen der Lilie, denn wie Glaube und Liebe ist ewig die Erkenntnis'" (93, 8–17).

Wie drei Prinzipien oder Kardinaltugenden klingen „Glaube – Liebe – Erkenntnis"; letztere war schon vor dem Gedanken da und wird nach diesem erst neu erlangt – durch die Liebe eines poetischen Gemüts? Da im ganzen Werk Ironie wirksam ist, eine gütige Ironie allerdings, welche die Hinwendung zum Dargestellten nicht verleugnen will, wird „mit der aufschließenden Kraft der Liebe zwar keine fertige Lösung angeboten, aber doch am tiefsten in die Geheimnisse hineingeführt"[47]. Atlantis ist nicht die Erlösung der Welt, und doch ist es die künstlerische Darstellung eines tiefen Erkennens.

---

(47) Bollnow (Anm. 46), S. 226.

Kapitel III

1 Der symbiotische Geschehnisraum bei Tieck ‚Der blonde Eckbert'

‚Der blonde Eckbert', der erstmalig im Jahre 1897 in ‚Peter Leberecht's Volksmärchen' er-schien, später vom Dichter in den ersten Band des ‚Phantasus' aufgenommen wurde, ist das erste Märchen, das Tieck geschrieben hat, wenn wir von der phantastischen Erzählung ‚Die Versöhnung' absehen. Daß ‚Der blonde Eckbert' bei Peter Leberecht aufgenommen wurde, zeigt schon deutlich den Unterschied zu E. T. A. Hoffmanns ‚Der Goldne Topf', denn in Leberechts Sammlung finden sich überwiegend Volksmärchen, nicht aber Märchen „aus der neuen Zeit", wobei der Untertitel zum ‚Goldnen Topf' gleichsam eine Art Programmatik des phantastischen Realismus illustriert, wie wir oben aufgezeigt haben. Und so ist auch die erste wichtige Stimme, die das Werk Tiecks in der Öffentlichkeit würdigt, moderat wie die Märchennovelle selbst; nichts führt zu konträrer Sichtweise; „Durch die ganze Erzählung geht eine stille Gewalt der Darstellung, die zwar nur von jener Kraft des Geistes herrühren kann, welcher die Gestalten unbekannter Dinge bis zur hellen Anschaulichkeit und Einzel-heit Rede stehen, deren Organ jedoch hier vorzüglich die Schreibart ist [...]"[48] Wohl liegt aber der Reiz der Märchennovelle nicht so sehr in ihrer Moral, denn wie jedes Märchen — wie jedes Volksmärchen — hat auch ‚Der Blonde Eckbert' einen moralischen Appell; das Fluidum findet sich vor allem in den Stimmungsmotiven, welche mit dem Weg des Mädchens aus der gewohnten Welt in eine mystische korrespondieren, die unheimlich und heimlich zugleich erscheinen. Auch bei Tieck wird das Wunderbare in die gewöhnliche Welt hinein-getragen, doch anders als bei E. T. A. Hoffmanns ‚Goldnem Topf', denn das Mystische, das in die Realität hineinscheint, macht diese unheimlich, zum Teil grauenvoll, so daß die „[...] natürliche Wirklichkeit als eine grauenvolle Unsicherheit, als eine Verwirrung [erscheint], die uns schwindeln macht"[49]. Hier ist nun die Grenze gezogen, die das Kunstmärchen der Romantik von dem Volksmärchen trennt, denn letzteres nimmt in der Regel das Wunder-bare für das Natürliche, während Eckbert qualvoll darunter leidet, daß in sein Leben ein furchtbares — nicht wunderbares — unlösbares Rätsel drängt, das ihn schließlich vernichtet, so wie es Bertha zugrunde gerichtet hat. Die Differenz zu Hoffmanns ‚Goldnem Topf' braucht an dieser Stelle kaum noch erwähnt zu werden: Was bei Hoffmann im Mystischen, und eine Utopie tragend, in Atlantis endet — mit starkem eschatologischem Gehalt, das wird bei Tieck durch das Wunderbare, das sich furchterregend in das Diesseits drängt, deformiert — zugestandenermaßen, weil das Diesseits die Gegenwelt nicht erkennt, denn der Fall Berthas aus dem mystischen Raum rächt sich wie in der griechischen Tragödie.

1.1 Die Handlungsorte als Konstitutiva des symbiotischen Geschehnisraumes

Die Handlungsorte in Tiecks Märchen sind folgende: Burgsitz des blonden Eckbert, Heimat-dorf Berthas, Wanderweg Berthas von ihrem Heimatort zur Hütte der Alten, Burgsitz des blonden Eckbert und Wanderweg Eckberts vom Burgsitz bis in die Nähe der Hütte der Alten.

---

(48) Schlegel, August Wilhelm: In: Athenäum 1798, Band 1.
(49) Klee, Gotthold Ludwig: Einleitung. Der blonde Eckbert. Tiecks Werke. Hrsg. von G. L. Klee, Band 2. Leipzig, Wien. o.J., S. 5.

Die Konstatierung der Handlungsorte ist insofern wichtig, als aus ihr deutlich wird, daß es sich bei dem Märchen um eine Rahmenkonzeption handelt, wobei das eigentliche Märchen-geschehen im Mittelpunkt, also im Hause der Alten angesiedelt ist. Die Feststellung dieser Rahmenkonstruktion ist notwendig, da Tiecks Märchennovelle nicht in einem mystisch-utopischen Raum endet, sondern in einem dieser Welt, in den der mystische Raum nemesis-artig eindringt. Rahmen und „Märchen" als solches sind sorgfältig voneinander zu trennen, obschon es nicht zu einer Ambivalenz der Geschehnisräume kommt, weil die Rahmenhand-lung von dem Leser akzeptiert wird, und demnach das eigentliche Märchen, das im Mittel-punkt der Dichtung steht, von ihr zu differenzieren ist – bis zum Schluß. Hier muß letztlich mit Erstaunen konstatiert werden, daß das Märchen – also der mystische Bereich – in die Realität hineinwirkt und somit den Rahmen auflöst, ihn zumindest transparent erscheinen läßt, was dann dem ‚Blonden Eckbert‘ die Gestalt einer (schauerlichen) Märchendichtung verleiht. Das in ursächlichem Zusammenhang stehende „[...] Ausschneiden, Trennen, Ver-schieben, Sinngeben [...]"[50] läßt neue Wirklichkeiten und damit neue Geschehnisräume er-wachsen, die charakteristisch für Tiecks Märchendichtung sind, die aber auch auf triviale Schauermomente abgestellt scheinen.

Wie jedes Volksmärchen beginnt ‚Der blonde Eckbert‘ mit dem „Es-war-einmal"-Topos und doch fällt alsbald der Unterschied zum Volksmärchen auf, weil die Handlung für den Leser genau lokalisierbar wird – sie trägt sich im Harz zu: „In einer Gegend des Harzes wohnte ein Ritter, den man gewöhnlich nur den blonden Eckbert nannte" (74, 4–5). Somit scheint das Geschehen im Harz angesiedelt zu sein, doch bleibt die Erwähnung des Ortes ohne jeg-liche Konsequenz – und damit ohne Funktion, denn das weitere Geschehen ist ortsunab-hängig. Das kleine bescheidene Schloß, die Abgeschiedenheit, die Einsamkeit, die Ruhe und die Sparsamkeit, die den Lebensraum des blonden Eckbert begrenzen, sind überall denkbar, nur, daß somit das Leben, das Eckbert mit Bertha führt, wirklich erscheint und gekenn-zeichnet ist von Bescheidenheit und ruhigem, genügsamen Verzicht – tugendhaft allent-halben: „Sein Weib liebte die Einsamkeit ebensosehr, und beide schienen sich von Herzen zu lieben [...]. Nur selten wurde Eckbert von Gästen besucht, und wenn es auch geschah, so wurde ihretwegen fast nichts in dem gewöhnlichen Gange des Lebens geändert, die Mäßigkeit wohnte dort, und die Sparsamkeit selbst schien alles anzuordnen. Eckbert war alsdann heiter und aufgeräumt [...]" (74, 11 ff.). Dieser wohlabgeschirmte Raum wird weder als beengend noch als zukunftslos gesehen, womit die Diskrepanz zu dem fiktiv realen Raum bei Hoffmann deutlich wird, denn mit dem Holunderbuschtraum relativiert sich die Realität so stark, daß ein Entrinnen in die mythische Sphäre als einzig zu erstrebendes Ziel erscheint. Anders bei Tieck: Hier können nur Störungen von außen Unruhe und Verwirrung stiften – Unglück bringen, denn der hermetisch abgeschirmte Bereich – „Eckberts Burg" – darf nur von Vertrauten betreten werden: „Niemand kam so häufig auf die Burg als Philipp Walther, ein Mann, dem sich Eckbert angeschlossen hatte, weil er an diesem ohngefähr dieselbe Art zu denken fand [...]" (74, 23–25), nämlich die, sein Leben verschlossen in einer unange-tasteten und eng begrenzten Sphäre zu verbringen. Daß Walther aus Franken stammt, ist letztlich ohne Belang, gleichwohl wird dadurch deutlich, daß eine Trennung zwischen der eigentlichen Märchenhandlung, die sich in Berthas Erzählung entfaltet, und der ‘uneigent-lichen Märchenhandlung’ besteht. Beide, Eckbert und Walther, haben einen bescheidenen Raum im Diesseits, der durch die Realitätsfragmente: Harz, Franken, Burg, Schloß, Wald, Kräuter, Steine usw. definiert ist. In diesem Raum herrschen Sparsamkeit, Wohlbefinden, Verständnis, Liebe, Harmonie, Freundschaft usw. Es droht aber der Einbruch einer anderen

---

(50) Thalmann, Marianne: Anmerkungen zum ‚Blonden Eckbert‘. In: Ludwig Tiecks Werke in einem Band. Hrsg. von M. Thalmann. Gütersloh o. J., S. 994.

Welt, eines unbekannten Raumes in der Gestalt des Verführers, der nicht im Diesseits ver-
mutet wird und der schon gar nicht aus Franken stammen kann. Und doch ist es jener,
denn: „Niemand kam so häufig auf die Burg als Philipp Walther, ein Mann, dem sich Eckbert
angeschlossen hatte [...]" (74, 23—24). Hier läßt sich das erste Anzeichen dafür erkennen,
daß die als real vorgestellte Welt, die sich in dem Topos „Es war einmal im Harz [...]" konstituiert, doch nicht so real ist, denn der Verführer agiert in ihr und gehört letztlich doch
einer ganz anderen Welt an: verkörpert ein nicht faßbares, unheimliches Prinzip. So ist der
Bekannte letzten Endes das unbekannte Böse, obschon diese Tatsache erst am Schluß der
Märchennovelle, da beide Welten vollends ineinandergleiten, augenfällig wird: „[...] in welcher entsetzlichen Einsamkeit hab' ich dann mein Leben hingebracht!'" (93, 4—5). Und
doch ist dieser Ausruf Eckberts ahnbar, da das Vertraute durch etwas Unbekanntes gestört
werden wird. Daß sich in den Raum der Zufriedenheit die Destruktion vorarbeitet, das wird
dem Leser offenkundig, als sich Eckbert entschließt, ein Geheimnis preiszugeben, und seine
Frau Bertha auffordert, die Geschichte ihres Lebens aufzudecken, die sich in einem ganz
anderen Geschehnisraum vollzogen hat. Es sei an dieser Stelle darauf hingewiesen, daß der
Beginn der Offenbarungserzählung Berthas durch den fast toposhaft anmutenden Verweis:
„Es war schon im Herbst, als Eckbert an einem neblichten Abend [...]" (75, 8—9) das Eindringen des Fremden in den gewohnten Raum wie eine sich selbst erfüllende Prophezeiung
vorherbestimmt. Diese Ahnung definiert aber auch schon den Raum, der den Rahmen der
Märchennovelle illustriert. Ungeachtet aller Ruhe und Abgeschiedenheit ist die Bewegung
Eckberts von einer versteckten Unruhe geprägt: „Es gibt Stunden, in denen es den Menschen
ängstigt, wenn er vor seinem Freunde ein Geheimnis haben soll, was er bis dahin oft mit
vieler Sorgfalt verborgen hat [...] Es war schon im Herbst [...] die Nacht sah schwarz zu den
Fenstern herein, und die Bäume draußen schüttelten sich vor nasser Kälte [...]" (74, 35 f. —
75, 1—13). Das Unheimliche, das mittels der Erzählung Berthas in diesen Raum hineingetragen werden wird, ist also vorher schon spürbar.
Der Geschehnisraum der Binnenhandlung, in der sich das Schicksal der Protagonistin Bertha
abspielt, da es hier beginnt und seine Klärung findet, ist die „Waldeinsamkeit". Bertha beginnt ihre Historie mit der Wiedergabe der häuslichen Verhältnisse in einer armen Familie
auf dem Dorfe. Der Geschehnisraum „Berthas Zuhause" zeigt sowohl realistische Züge als
auch märchenhafte, denn das „Hänsel-und-Gretel-Motiv", das der Trennung vom Elternhause
— hier ist es allerdings der Vater, der sich despotisch und brutal dem Mädchen gegenüber
gebärdet —, ist dem Volksmärchen zu eigen: „Mein Vater war immer sehr ergrimmt auf mich,
daß ich eine so ganz unnütze Last des Hauswesens sei, er behandelte mich oft ziemlich
grausam [...] er setzte mir mit Drohungen unbeschreiblich zu [...] züchtigte [...] mich auf
die grausamste Art [...] Als der Tag graute, stand ich auf und eröffnete, fast ohne daß ich es
wußte, die Tür unserer kleinen Hütte [...] bald darauf war ich in einem Walde [...]" (76, 19 ff.
und 77, 1 ff.). Zu diesem „Hänsel-und-Gretel-Motiv" gesellen sich in der Folge auch der Wald
und die unwirkliche Gegend, in der Bertha umherirrt. Aber auch das Motiv desjenigen, der
auszieht, um sein Glück zu suchen, um dann zufrieden und reich beladen nach Hause zurückzukehren, ist ein Bildinhalt des Volksmärchens und bestimmend für die Gestaltung des Geschehnisraumes. Bertha träumt von diesem Auszug und der glücklichen Heimkehr: „[...] ich
konnte nichts in der Wirtschaft helfen, nur die Not meiner Eltern verstand ich sehr gut. Oft
saß ich dann im Winkel und füllte meine Vorstellungen damit an, wie ich ihnen helfen wollte,
wenn ich plötzlich reich würde, wie ich sie mit Gold und Silber überschütten und mich an
ihrem Erstaunen laben möchte, dann sah ich Geister heraufschweben, die mir unterirdische
Schätze entdeckten [...]" (76, 5—12). Überdies ist das Motiv, den armen Eltern mit in der
Fremde erworbenen Schätzen zu helfen, ein Sujet des Volksmärchens. So mischen sich in
den Geschehnisraum, der Wirklichkeit abbildet, Volksmärchenmotive, ohne — und das sei
im Unterschied zu E. T. A. Hoffmanns ‚Goldnem Topf' herausgestellt — diesen mit einer

mystischen Welt so zu kontrastieren, daß er nun profan und philiströs erscheinen kann. Er ist einzig charakterisiert durch Arbeit, Armut, Hunger und Unterdrückung. Bei aller realistischen Gestaltung der Wirklichkeit wirkt diese dennoch irreal, hier tatsächlich in einem ganz anderen Maße als bei E. T. A. Hoffmann, denn die Elemente, die die Realität konstituieren, sind Bestandteile einer bürgerlichen Welt, die in Dissonanz zum märchenhaften Raum treten und vor diesem nicht nur unzulänglich, vielmehr lächerlich wirken. Letztlich sind die Elemente, die im ‚Blonden Eckbert‘ den realen Raum konstituieren, auch Bestandteile einer bestimmten historisch-gesellschaftlichen Realität, denn der Geschehnisraum wird im wahrsten Sinne vom Vater Berthas beherrscht, womit die patriarchalische Struktur deutlich wird; er ist geprägt durch bittere Armut und Existenzangst: „Die Haushaltung bei meinen Eltern war nicht zum besten bestellt, sie wußten sehr oft nicht, wo sie das Brot hernehmen sollten" (75, 35−37). Diese Armut auf dem Dorfe in einer Hirtenfamilie und der ständige Streit „[...] mein Vater und meine Mutter [...entzweiten ...] sich oft über ihre Armut [...]" (75, 37f.) charakterisieren die Konstellation einer ganzen Klasse wie auch den Umstand, daß die Kinder mehr oder minder ausschließlich als Arbeitskraft bewertet, also in der desolaten Existenz der Familie lediglich unter dem ökonomischen Aspekt betrachtet werden. „So war ich ungefähr acht Jahr alt geworden, und es wurden nun ernstliche Anstalten gemacht, daß ich etwas tun, oder lernen sollte" (76, 22−25). Unter diesen Bedingungen gewinnt der Wunsch der Protagonistin, in eine mystische Sphäre zu entrinnen, eine ganz andere Wesenhaftigkeit als der Wunsch des Anselmus. Denn Bertha will reich beladen in diese Wirklichkeit − notlindernd − zurückkehren, jener hingegen spürt den Antagonismus zwischen bürgerlicher Welt und freier Selbstbestimmung, die nur im Märchenhaften gewährleistet ist. Die bei E. T. A. Hoffmann versinnbildlichte profane Welt steht als pars pro toto einer bürgerlichen Sphäre und Gesinnung, wohingegen die wohl realistisch angedeutete Wirklichkeit des Landlebens, in Abhängigkeit und Armut, keinerlei Übertragung auf allgemein gesellschaftliche Verhältnisse erlaubt, da die Konstituierung dieses Raumes allein aus der Perspektive Berthas geschieht: Der Raum ist verantwortlich für *ihr* Schicksal, für *ihren* „Hänsel-und-Gretel-Auszug". Folglich ist die gesellschaftskritische Komponente, die der Raumkonstitution innewohnt, letztlich irrelevant und zeigt die subjektivistische Geschichtsauffassung des Dichters: „Bei Tieck findet sich noch ein Moment der Distanz, das ihn befähigt, das Solipsistische in [Berthas Verhalten und der damit konvergierenden Raumkonstituierung. Zusatz von den Verfassern] [...] zu erkennen."[51] Demnach wird die Divergenz zwischen Realität und dem Ich und dessen engen Grenzen der Selbstverwirklichung nicht bemerkbar, vielmehr überdeckt. (Eine Konsequenz dieser Überdeckung ist das Fehlen eines auktorialen Erzählers, denn die Raumgestaltung aus der Sichtweise der Märchennovellenfigur „Bertha" bleibt nichtsdestoweniger eine beschränkte.) Die Raumgestaltung ist somit mit der individualpsychologischen Problematik der Heldin eng verwoben, wie in der nachfolgenden Analyse des mystischen Raumes noch aufzuzeigen sein wird.

Resümierend läßt sich also hinsichtlich der Konstituierung des Raumes der Wirklichkeit festhalten, daß dieser gleichwohl realistisch ausgestaltet wird, es aber aufgrund einer solipsistischen Sichtweise nicht gelingen kann, einen Kontrast zwischen der Welt und einer mystischen Gegenwelt zu erzeugen, und zwar so, daß jene als von Grund auf der Veränderung bedürftig erschiene, womit die Nähe zum Volksmärchen vergleichsweise groß wird, denn auch hier lassen sich von den Einzelschicksalen kaum allgemein gesellschaftskritische Übertragungen vornehmen.

---

(51) Bürger, Christa: Romantische Gesellschaftskritik: Tiecks Blonder Eckbert. In: Bredella, Lothar/Bürger, Christa/Kreis, Rudolf: Von der romantischen Gesellschaftskritik zur Bejahung des Imperialismus. Frankfurt a.M. 1974, S. 10.

Der märchenhafte Raum, der sich hinter dem Wald und dem unwirklichen Gebirge in ferner Abgelegenheit eröffnet, ist von der Realität durch Wildnis hermetisch abgeschlossen und zeigt sich der Protagonistin als ein „locus amoenus", an dem die Alltagsqual aus dem Bewußtsein schwindet: „[...] wie leicht ward mir, als ich wirklich die *Grenzen* [Hervorhebung von den Verfassern] der öden Felsen erreichte; ich sah Wälder und Wiesen mit fernen angenehmen Bergen wieder vor mir liegen. Mir war, als wenn ich aus der Hölle in ein Paradies getreten wäre, die Einsamkeit und meine Hülflosigkeit schienen mir nun gar nicht fürchterlich [...] in einiger Entfernung [hörte ich ...] ein leises Husten. Nie bin ich so angenehm überrascht worden [...]" (78, 38 f. und 79, 1 ff.). Die wunderliche Alte, der Bertha begegnet, ist weder als Hexe noch als Fee erkennbar, indessen löst sie bei Bertha, aus deren Perspektive die Raumgestaltung geschieht, einen derartigen Freudenschwall aus, daß die Gegend als lieblich empfunden wird, denn der Ort ist ausgestattet mit: „angenehme[r] Wiese", „Rot und Gold", „Abendröte", „heitere[r] Stille", „Birken" und schließlich einer „kleine[n] Hütte", die „mitten in den Bäumen" liegt (79, 25 ff. und 80, 1 ff.). Die Hütte der Alten charakterisiert im engeren Sinne den märchenhaften Geschehnisraum, wo im Inneren das Wunderbare Bertha entgegentritt: „Als wir vom Hügel heruntergingen, hörte ich einen wunderbaren Gesang, der aus der Hütte zu kommen schien, wie von einem Vogel [...]" (80, 8—10). Mit dem Betreten der Hütte ist die Grenzüberschreitung in den mystischen Raum vollzogen, der fremdartig wirkt und in dem der Vogel in seinem „glänzenden Käfig" beständig das Lied von der Waldeinsamkeit singt — auch des Nachts wie im Traum, während im Freien das Rauschen der Birken mit dem Lied der Nachtigall und den „einzelne[n] Worte[n]" des Vogelgesangs „ein so wunderbares Gemisch" entstehen läßt, „daß es mir immer nicht war, als sei ich erwacht, sondern als fiele ich nur in einen andern noch seltsamern Traum" (81 passim). Dieses „wunderbare Gemisch", das von Bertha in einer Art Trancezustand aufgenommen wird, verleiht der Hütte, solange Bertha in ihr nicht mit alltäglicher Arbeit beansprucht ist, etwas Verzaubertes. Es ist der stille Ort des Ausgeglichenseins, denn externe Störungen lassen sich nicht erkennen; selbst die Naturgewalten schweigen: Kein „Sturm", kein „Gewitter", aber auch kein „[...] Mensch verirrte sich dorthin, kein Wild kam [...]" (82, 25 ff.) der Behausung nahe, und die Alte, die die Hütte des öfteren für längere Zeit verläßt, bringt nie Kunde von außen, so daß Bertha zufrieden lebt: „Der Mensch wäre vielleicht recht glücklich, wenn er so ungestört sein Leben bis ans Ende fortführen könnte" (82, 29—30). Dieses „vielleicht" akzentuiert die Empfindungen der Heldin, den Raum nicht als harmonischen zu erleben — vielmehr als seltsamen, in dem sich Wunder ereignen, die das Materielle in den Geschehnisraum in Gestalt des Vogels integrieren, der täglich ein Ei legt — mit einer Perle oder einem Edelstein. Nicht von ohngefähr ist Berthas Gedanke, daß so mancher in der Einsamkeit recht glücklich leben könnte, der Entdeckung, daß das Tier Schätze legt, nachgeordnet. Der Wunsch entsteht jetzt, den schönsten Ritter von der Welt zu lieben: „Ich hatte auch von der Liebe etwas gelesen, und spielte nun in meiner Phantasie seltsame Geschichten mit mir selber. Ich dachte mir den schönsten Ritter von der Welt, ich schmückte ihn mit allen Vortrefflichkeiten aus [...]" (82, 37—39 und 83, 1 ff.). „Der Wunsch nach Veränderung [...]" (82, 14) wird nicht allein aus ihr selbst geboren, vielmehr durch den Ort, an dem sie sich befindet, stimuliert. Aus den Büchern erfährt Bertha von der Liebe, der Vogel bietet die Möglichkeit, den Wunsch, der sie zum Auszug in die Welt bewegte, wahr werden zu lassen und Reichtum zu erwerben: „Ich begriff nämlich wohl, daß es nur auf mich ankomme, in der Abwesenheit der Alten den Vogel und die Kleinodien zu nehmen, und damit die Welt, von der ich *gelesen* [Hervorhebung von den Verfassern] hatte, aufzusuchen" (83, 37—39 und 84, 1 ff.). Dadurch wird der märchenhafte Raum letztlich zu einem Ort, der die Begierde entfacht und Unzufriedenheit in der Einsamkeit hervorruft — es ist der Raum der Versuchung und Probe, womit er dem entsprechenden Proberaum des Volksmärchens oder auch der Probezeit nahekommt. Die Differenz zu dem mystischen Raum im ‚Goldnen Topf' wird deutlich: Die beiden märchenhaften Geschehnisräume, der, in dem Bertha weilt, und der des Anselmus, sind fast diametral entgegengesetzt in ihrer Funktion. Anselmus entfernt sich immer mehr der Alltagswirklichkeit, indem er den märchenhaften Raum beansprucht und sich mit ihm in Harmonie weiß, indes Bertha sich langsam dem märchenhaften Raum entzieht, ihn als lästig empfindet, dieweil die Realität verlockend in diesen hineinragt. Für Bertha erwächst der Raum zu einem Ort, an dem es unmöglich ist, zu kommunizieren; zunehmend erscheint sie isoliert und hat lediglich Hund und Vogel zu Gesprächspartnern. Groß ist der Wunsch Berthas nach Kommunikation. Der Wunsch, sich mitzuteilen, ist ja geradezu ein Leitmotiv im ‚Blonden Eckbert': Die Freude, die sie auf ihrer Wanderschaft von Zuhause hin zu der Hütte empfindet, gilt insbesondere dem Treffen der Alten — einer Gesprächspartnerin: „Statt der gehofften Mühle stieß ich auf einen Wasserfall, der meine Freude freilich um vieles minderte; ich schöpfte mit der Hand einen Trunk aus dem Bache, als mir plötzlich war, als höre ich in einiger Entfernung ein leises Husten. *Nie* [Hervorhebung von den Verfassern] bin ich so angenehm überrascht worden, als in diesem Augenblick [...]" (79, 5—10). Hat die Heldin mit der Flucht aus der Wirklichkeit in einen märchenhaften Raum reagiert, weil das soziale Elend sie dazu veranlaßte, so findet sie im mystischen Bereich ebenfalls keine Befriedigung, weil dieser — und das verknüpft ihn augenfällig mit dem der Alltagsrealität — nicht die Möglichkeit der Kommunikation bietet. Auf das Moment der fehlenden Kommunikationschance hat Christa Bürger mit Blick auf den real beleuchteten gesellschaftlichen Raum hingewiesen: „Indem Bertha sich als zu 'produktiver' Arbeit unfähig erweist, repräsentiert sie für den Vater verlorenes Investitionskapital und zieht dessen Mißhandlungen auf sich. Bertha vermag das Verhalten der Eltern nicht zu deuten: ‚Nur die Not meiner Eltern verstand ich sehr gut.' Bezeichnenderweise [...] wird [das Motiv der gestörten Kommunikation] wieder aufgenommen in dem Augenblick, wo von Berthas zweiter Flucht, ihrem Eintritt in die Gesellschaft, die Rede ist [...] [Berthas Dasein ist gekennzeichnet durch die] Sehnsucht nach wirklicher Kommunikation."[52] Dennoch tritt im Mittelteil der Erzählung, in der Idylle der Hütte, diese Sehnsucht zunächst zurück, denn der Raum scheint sich vorerst als ein kommunikativer zu erweisen. Hernach gewinnt die Einsamkeit allenthalben an Wesenhaftigkeit: „Es war mir jetzt lieber, wenn ich allein war, denn alsdann war ich selbst die Gebieterin im Hause. Der Hund liebte mich sehr und tat alles was ich wollte [...]" (83, 9—11). Es ist mithin Bertha in eigener Person, die sich in die Einsamkeit sehnt — gewiß auch aufgrund eines Herrschaftsanspruches, der als Relikt aus der Alltagsrealität in diesen Raum hineingetragen wird —, die letztlich aber von ihr nicht ertragen werden kann, zumal da der Wunsch nach materiellem Wohlstand und der nach dem Traumritter ihr diese immer kontrastreicher verlebendigen: „[sah ...] Ritter und Prinzen um mich her. Wenn ich mich so vergessen hatte, konnte ich ordentlich betrübt werden, wenn ich wieder aufschaute, und mich in der kleinen Wohnung antraf. Übrigens [...] bekümmerte sich die Alte nicht weiter um mein Wesen" (84, 9ff.). Demnach unterscheidet sich die Hütte der Alten hinsichtlich der Kommunikationsmöglichkeiten fundamental von dem Palast des Archivarius Lindhorst. Anselmus kommuniziert mit allem, was den märchenhaften Raum konstituiert: mit Serpentina, mit den Vögeln, den Farben, den Klängen, den Bewegungen. So gestaltet sich der mystische Raum im ‚Goldnen Topf' nicht nur als einer der Kommunikation und mithin der Selbstverwirklichung des Helden, sondern zeigt Dynamik und lebt mit Anselmus das gleiche Leben, bezeigt ihm die Empfindungen, die er bestärken will. Die Liebe zu Serpentina hilft ihm, den Anfechtungen der Welt zu trotzen; die Dubitatio empfindet er als Todsünde und versetzt sich damit in die Lage, das Märchenreich wiederzugewinnen. Die Idylle bei der Alten hingegen kann Bertha die Selbstverwirklichung nicht gewähren. So-

---

(52) Bürger, Christa: Romantische Gesellschaftswirklichkeit (Anm. 51), S. 28.

mit läßt Tieck „[...] gerade das Märchen zum Verhängnis werden, zum Anlaß tödlicher Destruktion [... er] bestimmt hier die gegenwärtige Realität der Erwachsenen [nicht des Kindes, denn ihm ist die Einsamkeit noch Harmonie, Einschub von den Verfassern] [...] als unausweichlich in einem solchen Grade, daß sein eigenes Tun [...] als gefährliche Bewußtseinsänderung mit zerstörerischen Konsequenzen [...]"[53] in einen Raum der Harmonie hineinwirkt. Der von Bertha als Gefängnis verkannte Ort führt sie wieder in den zurück, der ehedem als der des Zwangs und des Leides betrachtet wurde, den sie jedoch nicht mehr vorfindet: „[...] und kam nun nach einer Wanderschaft von vielen Tagen in einem Dorfe an. Schon beim Eintritt ward mir wundersam zumute, ich erschrak und wußte nicht worüber; aber bald erkannt' ich mich, denn es war dasselbe Dorf, in welchem ich geboren war [...] Vieles war verändert, es waren neue Häuser entstanden [...] ich traf auch Brandstellen; alles war weit kleiner, gedrängter als ich erwartet hatte [...] Ich fragte nach dem Schäfer Martin, und man sagte mir, er sei schon seit drei Jahren mit seiner Frau gestorben" (86, 4ff.). Die Ausgestaltung dieses Ortes ist sehr spärlich – läßt Fremdheit, Verlassenheit und Einsamkeit erkennen „[...] jetzt war alles umsonst [...] und das, worauf ich am meisten immer im Leben gehofft hatte, war für mich auf ewig verloren" (86, 27ff.). Der Ort der Desolatio ist karg gestaltet und spiegelt Realität wider, womit die hier empfundene Vereinsamung zu einer existentiellen wird und sich durch die Kälte der Realität von der Isolierung abhebt, die Bertha in dem vermeintlichen Waldeinsamkeitsgefängnis erlebte, das sie nun „[...] auf ewig verloren" hat. Der Geschehnisraum „Stadt" dient letztlich nur als kurze Zwischenstation, er ist kaum weiter ausgestaltet – seine Funktion ist die des Umschlagplatzes der Schuld: Bertha ermordet hier den Vogel, tauscht ihn gegen Eckbert; hier tauscht Eckbert Walther gegen Hugo aus. Die Stadt mutet Bertha anfänglich als erquickend und wohltuend an, und das kleine Haus und der Garten sind ein Ort der Scheinidylle, ein Refugium: „[...] ich vergaß die Alte und meinen ehemaligen Aufenthalt etwas mehr, und so lebt' ich im ganzen recht zufrieden" (86, 34–36). Bedrohlich indessen dringt in diesen Raum das Mystische ein: Der Vogel singt von der fernen Waldeinsamkeit und erinnert an die Schuld, die Bertha auf sich geladen hat. Wie also in den mystischen Raum der Hütte die Realität, materielle Wünsche erzeugend, hineinragt und destruktiv wirkt, so ragt nun der mystische Raum in den realen und führt zur Destruktion. Durch den Vogelmord beabsichtigt Bertha die Erinnerung an die Hütte und an ihre Schuld zu tilgen, was ihr gleichwohl nicht gelingt. Indessen verliert sie vollends das verlassene Paradies – den mystischen Ort. Das Schloß erweist sich als Wartezone: Bertha scheint hier auf ihr Erzählen gewartet zu haben, Walther (die Alte) darauf, diese Dimension der Ruhe zu stören, da er, in der veränderten Gestalt des Hugo, Eckbert aus dem abgeschlossenen und statischen Raum führt. Somit ist für Bertha das Schloß Bestimmungsort, für Eckbert Ausgangspunkt – für beide aber schafft es wiederum den räumlichen Rahmen, in dem Kommunikation undenkbar ist, wenn auch für Bertha in besonderem Maße. Kommunikationspartner für Eckbert ist Walther, nicht Bertha; mithin entspinnt sich aus Berthas Geschichte ein Monolog, aus dem sich kein Gespräch ergibt, nicht einmal dann, als Walther den Namen des kleinen Hundes nennt, was Bertha fast um den Verstand bringt. Nachdem Berthas Weg bekannt ist, erweist sich dem Leser das Schloß verstärkt als antithetischer Glücksort. Die zu Beginn wohltuende Einsamkeit, Zurückgezogenheit und Ruhe zeigen sich als statisch. Zudem trägt das Schloß den Charakter des Fluchtortes im Abseits, der das Außen aus Angst fernhält. Es scheint somit ausgestattet zu sein mit dem „Negativen des stagnierenden Lebensflusses"[54] und einer belasteten Einsamkeit. Eine wahre Zweisam-

---

(53) Ribbat, Ernst: Ludwig Tieck. Studien zur Konzeption und Praxis romantischer Poesie. München 1978, S. 143 f.
(54) Kreuzer, Ingrid: Märchenform und individuelle Geschichte. Zu Text- und Handlungsstrukturen im Werk Ludwig Tiecks zwischen 1790 und 1811. Göttingen 1983, S. 175.

keit haben Bertha und Eckbert hier nicht erleben können; Eckbert ist nie Bertha, vielmehr Walther unentwegt zugewandt, der mit diesem Ort nicht konveniert, sondern mit dem, den Bertha verloren hat. Als frappierend erweist sich hierbei, daß Eckbert nie in der direkten Rede zu Bertha spricht, was deren Kommunikationslosigkeit verdeutlicht. So gelingt es Eckbert, Bertha und das Schloß auf seinem ungewollten Wege zur Hütte der Alten aus dem Bewußtsein zu verdrängen, die Wartezone Schloß zu verlassen, die bereits von Bertha und Walther (der Alten) verlassen worden ist. Das Schloß stellt sich nun in seiner potenzierten Einsamkeit und Stille als fest eingemauerter Geschehnisraum dar, und die „Ringmauern" lassen den Status der Kommunikationslosigkeit grauenvoll deutlich werden.

1.2 Poetische Gestaltung der Handlungsräume

Die Handlungsräume sind vornehmlich durch den Weg Berthas, späterhin durch den Eckberts miteinander verknüpft, und zwar so, daß sie Stationen auf einer Wanderung illustrieren. Hier sind es zum einen die Elemente des volkstümlichen Reisemärchens, die den Weg Berthas, aber auch den Eckberts motivieren. Bertha zieht aus, um das Glück zu suchen; sie scheitert im Probe- und Versuchungsraum, verläßt ihn und findet einen Ruheort, der sich nicht als der der Erfüllung erweist. Er ist Warteraum für den Aufbruch zu einem Weg Eckberts, der rächend Walther und Hugo tötet und so in den Bereich der Alten, an den mystischen Ort, gelangt, wo sie ihn zur Sühne empfängt. Auf diesem Weg liegen die Handlungsräume – Schloß und Hütte der Alten – einander diametral gegenüber und begrenzen somit den gesamten Geschehnisraum gleich einem Spielfelde, auf dem sich die Personen agierend bewegen. Hier wird durch die Gesamtkonzeption der Handlungsräume der fundamentale Unterschied zu Hoffmanns ‚Goldnem Topf' deutlich, denn Hoffmanns Märchen reißt einen utopischen Raum auf, der in eine weite Perspektive verweist, wenn auch der als fiktiver Dichter dazwischengeschobene Erzähler eine Scheinbegrenzung des Geschehnisraumes schafft: Atlantis, vom Schreibtisch des Archivarius Lindhorst geschaut, hebt sich aus dem begrenzten Geschehnisraum „Dresden/Lindhorsts Haus" und reißt den Leser in die Unbegrenztheit mit. Die Begrenztheit des Handlungsraumes bei Tiecks ‚Blondem Eckbert' verhindert nicht nur das Ausbrechen aus diesem Raum, vielmehr erweist der mystische Raum seine Statik, wenn Eckbert ihn betritt, und eine Zeitlosigkeit, denn alles ist so, wie es Bertha vorgefunden, und damit dem Leser schon bekannt. Die Binnenzone des Märchens, der Mittelpunkt, ruht, ohne daß er Perspektiven aufweist: Eckbert „[...] stieg träumend einen Hügel hinab; es war, als wenn er ein nahes munteres Bellen vernahm, Birken säuselten dazwischen, und er hörte mit wunderlichen Tönen ein Lied singen:

,Waldeinsamkeit
Mich wieder freut,
Mir geschieht kein Leid,
Hier wohnt kein Neid,
Von neuem mich freut
Waldeinsamkeit.'

[...] Eine krummgebückte Alte schlich hustend heran [...]" (92, 19 ff.). Das Lied hat zwar eine Veränderung erfahren, jedoch nur dahingehend, daß der Gesang des Vogels anzeigt, daß alles wieder so ist, wie es einstmals in der Hütte der Alten gewesen und „So morgen wie heut/In ew'ger Zeit" bleiben wird. Der abgeschirmte Geschehnisraum hat all seine Requisiten wieder: Die krumme, hustende Alte, den singenden Vogel, den bellenden Hund. Dies alles bedeutet, daß sich hier nie eine Veränderung wird vollziehen können und dürfen, daß die Tiere und Stürme, die Gewitter vor diesem Ort bleiben, ihn nicht berühren. Gleichsam einen Kreis beschreibend, wird von Ort zu Ort geführt, denn der Schlußpunkt war ja ehedem Ausgangspunkt für Berthas Erzählungen, eine Station auf ihrer Wanderschaft, auf der sich nun Eckbert befindet. Es ist nicht von Bedeutung, daß Eckbert die Hütte nicht betreten wird, denn er liegt „[...] wahnsinnig und verscheidend auf dem Boden [...]" (93, 18). Wichtig ist die Begrenzung des Spielfeldes durch die Hütte. Damit ist ein ewig existenter, mystischer Ort in der Märchenhaftigkeit konstituiert, der sich – dem des Volksmärchens nahe – durch seine Statik als solche auszeichnet, mit all den wundersamen Requisiten, die er beherbergt.

Der Ort, der diesem entgegengesetzt ist, die andere Seite des Gesamtgeschehnisraumes begrenzend, ist das Schloß. Seine poetische Ausgestaltung ist sowohl die eines mystischen Raumes als auch eines real möglichen: Die hermetische Abschottung sowie auch die sich im nachhinein erweisende Existenz der Alten in der Gestalt Walthers macht diesen Raum zu einem mystischen. Züge eines real vorstellbaren erhält er durch die Art und Weise, wie die Figuren hier leben – in profaner, immerwährender Kommunikationslosigkeit, pointiert ersichtlich in der Monotonie des Alterns der Eheleute, denn dieser Geschehnisraum ist der Zeit unterworfen. Berthas Alter wird zwar seit dem Verlassen der Hütte nicht mehr erwähnt, jedoch spricht Eckbert von ihrer Schönheit als einer vergangenen: „Ihr hättet sie damals sehn sollen" (87, 26). Und auch die Sparsamkeit und der gewöhnliche Gang des Lebens, Eckberts Verschlossenheit und die „stille [...] Melancholie" (74, 21), lassen die Märchenqualität dieses Ortes zurücktreten hinter seiner desolaten Profanität. Dennoch hat dieser Ort in seiner Ausgestaltung noch märchenhafte Züge, da er geheimnisumwittert erscheint.

Das Dorf, in dem Armut und Elend, Streit und patriarchale Brutalität das Leben bestimmen, ist so dargestellt, daß es die soziale Lage der damaligen Landbevölkerung widerspiegeln könnte, wenn die Ausgestaltung dieses Geschehnisraumes nicht aus der Perspektive Berthas vorgenommen würde. Die subjektivistische Sichtweise nimmt diesem Handlungsraum das Paradigmatische und verweist ihn in die Individualsphäre der Protagonistin. Auch ist dieser Raum in der Konzentration des Gesamtgeschehens nicht dem Handlungsraum „Hütte der Alten" entgegengesetzt, so daß er nicht, wie bei Hoffmann der philiströs-bürgerliche, einer Kritik ausgesetzt wird. Der Leser verspürt lediglich Mitleid mit Bertha, der Gequälten, wird aber deren Drangsal auf reale Gesellschaftsverhältnisse zurückführen können, zumal da die Gestaltung des Geschehnisraumes „Dorf" sich überwiegend auf die Darstellung des Interaktionsverhältnisses zwischen Vater und Tochter bezieht. So bleibt der Handlungsraum „Dorf" „Zwischenstation" wie auch der des Schlosses und letztlich auch der der märchenhaften Mitte, wenngleich letztgenannter in seiner Statik als permanent zu betrachten ist. Seine intermittierende Funktion erhält dieser durch die Bewegungen der Heldin in den Handlungsräumen (siehe 2.1). Zusammenfassend gesagt, weist die poetische Gestaltung die Handlungsräume als statische aus, in denen sich die Protagonisten bewegen, ohne daß sich in jenen Räumen wesentliche Veränderungen vollziehen. Daß Bertha durch die binnenfiktionale Dynamik ihrer Erzählung die Statik des Geschehnisraumes „Schloß" auflöst[55], ändert nichts an der Statik der Handlungsräume insgesamt, denn letztlich erreicht Eckbert den sich als nicht veränderbar erweisenden mystischen Raum in der Waldeinsamkeit.

1.3 Bedeutung der Symbiose der Handlungsräume

Die Konzeption der einzelnen Handlungsräume ist derart, daß sie ambivalenten Charakter haben, wenn sie jeder für sich betrachtet werden. Der Gesamtgeschehnisraum bildet eine Ausnahme, denn dieser läßt Konsistenz erkennen. Es wurde bisher der Versuch unternommen, das Hineinragen eines Teiles des mystischen Raumes in den Geschehnisraum „Schloß" zu beschreiben. In den Geschehnisraum „Hütte der Alten" dringt ein Moment der dörflichen Realität, die sich hier im materiellen Verlangen Berthas manifestiert. Der Geschehnisraum

---

(55) Vgl. Kreuzer, Ingrid (Anm. 54), S. 173.

„Stadt" ist durch den Vogel mit dem mystischen Raum verbunden. So erweist sich keiner dieser Räume als nur märchenhaft oder als nur fiktiv real. Diese Ambivalenz schafft vermittels der Verknüpfung einzelner Geschehnisräume eine Art von Symbiose. Nicht allein das Ineinanderfließen der Geschehnisräume ist der Grund für den symbiotischen Charakter der Handlungsorte; denn auch in E. T. A. Hoffmanns ‚Goldnem Topf' fluktuieren die Räume so, daß der Leser nicht mehr zu unterscheiden vermag, an welchem Ort sich Anselmus befindet. Maßgebend für die Symbiose der einzelnen Geschehnisräume im ‚Blonden Eckbert' ist die Tatsache, daß keine Kontrastierung der Räume erfolgt. So steht der märchenhafte Raum in der Waldeinsamkeit zwar zunächst im Kontrast zu dem des Dorfes, weil Bertha hier ihre Wünsche realisiert sieht. Indessen lassen die in die Waldeinsamkeit hineingetragenen Begierden — Relikte aus dem Geschehnisraum „Dorf" — den Raum „Waldeinsamkeit" zu einem Raum der Probe und Versuchung werden. Diese Begierden — auch wenn sie letztlich zur Schuld Berthas führen — erscheinen verständlich. Obschon das materielle Verlangen Berthas und ihr Wunsch, wie eine Märchenprinzessin an der Seite eines schönen Ritters zu leben, auf ihre Sozialisation zurückzuführen sind, bewirkt das keine Kritik an den im Handlungsraum „Dorf" herrschenden sozialen Zuständen. Die Verfehlung der Protagonistin wird individualpsychologisch begründet, womit die Kontrastierung der anfänglich antagonistisch angelegten Geschehnisräume wegfällt. So ist es allein Berthas Sündenfall — die Parallele zur Bibel ist unverkennbar —, der den mystischen Raum auflöst: „Ich war jetzt vierzehn Jahre alt, und es ist ein Unglück für den Menschen, daß er seinen Verstand nur darum bekömmt, um die Unschuld seiner Seele zu verlieren. Ich begriff nämlich wohl, daß es nur auf mich ankomme, in der Abwesenheit der Alten den Vogel und die Kleinodien zu nehmen, um damit die Welt, von der ich gelesen hatte, aufzusuchen (83, 35—39 und 84, 1 f.). Eine derart subjektivistische Sicht Berthas verdrängt mit einem Schlage die Zustände im Dorfe und läßt Bertha schuldig werden. Die Bewegungen der Heldin (siehe 2.1) tragen hier also wesentlich zur Symbiose der Handlungsorte bei und verhindern die kritische Auseinandersetzung mit der Realität „Dorf". Hinzu kommt, daß der Geschehnisraum „Hütte der Alten" ebensowenig Chancen zur Kommunikation für Bertha bietet wie der des Dorfes, denn aufgrund der Probe- und Versuchungssituation, in die Bertha gestellt wird, muß sich die Alte immer mehr der Kommunikation entziehen und drohend auf Bertha einwirken, wie es der Vater ehedem tat: „Wenn nicht ... dann ...". So fehlt in Tiecks ‚Blondem Eckbert' der im ‚Goldnen Topf' sichtbare utopische Märchenraum, der die Defizite des Alltagslebens der Kritik aussetzt und zum Erkennen gesellschaftlicher Bedingtheit führt. Es läßt sich beim ‚Blonden Eckbert' feststellen, daß bei einer realistisch zu nennenden Raumgestaltung „Dorf" „[...] die Verarbeitung der Wahrnehmung romantisch ist, und zwar durch die Reduktion auf das empfindende Ich *allein* [Zusatz von den Verfassern], dessen Reaktion auf die Realität intensiver als diese selbst dargestellt wird."[56] Es ist insbesondere der Grad des intensiven individuellen Wahrnehmens der Protagonistin, der zum Kontrast oder zur Symbiose der Handlungsorte wesentlich beiträgt. Bertha empfindet aus ihrer früheren Sozialisation heraus, Anselmus kann diese überwinden, wodurch der ideale Raum bei Hoffmann konzipiert werden kann, in dem Anselmus die dogmatische Begrenztheit und das Unzureichende des Profanen erkennt: „‚Ach, meine Herren und Gefährten im Unglück'," ruft der schmerzhaft an die Seinsbegrenzung stoßende Anselmus in der Flasche den Studenten zu, „‚wie ist es Ihnen denn möglich, so gelassen, ja so vergnügt zu sein, wie ich es an Ihren heitern Mienen bemerke? — Sie sitzen ja doch ebenso gut eingesperrt in gläsernen Flaschen als ich, und können sich nicht regen und bewegen, ja nicht einmal was Vernünftiges denken' [...] ‚Sie faseln wohl, mein Hr. Studiosus', erwiderte ein Kreuzschüler, ‚nie haben wir uns besser befunden

---

(56) Bürger, Christa: Romantische Gesellschaftskritik (Anm. 51), S. 11.

[...]'" (76, 22–33). Ähnlich wie den Kreuzschülern bleibt Bertha der mystische Raum versagt, ohne daß ihr Bewußtsein die ursächliche Motivierung hierfür bemerkt.

Die Symbiose der Geschehnisräume „Schloß" und „Hütte der Alten" bewirkt, daß der eine in den anderen hineinragt. Zugleich ist auch die Individualschuld Berthas für die Verknüpfung beider Handlungsräume deutlich: Sie begründet die Existenz der Alten in der Gestalt Walthers, die nemesisartig den Raum „Schloß" zeitweilig in Dynamik versetzt — abermals hervorgerufen durch das Verhalten Berthas —, um ihn dann in vollkommener Statik ruhen zu lassen, nachdem die „Schicksale explosiv auseinandergeschleudert"[57] wurden. Berthas Verhalten reduziert nicht nur die „Absolutheit der märchenhaften Schutzzone"[58], vielmehr bewirkt es auch das Sich-Manifestieren des mystischen Elementes im Handlungsraum „Schloß".

2 Die Bewegungen der Protagonisten Bertha und Eckbert im symbiotischen Geschehnisraum

Bei der Betrachtung der Verhaltensweisen Berthas und Eckberts und der des Studenten Anselmus wird ein fundamentaler Unterschied augenfällig. Sind die Bewegungen des Anselmus durch die ihm in Vergessenheit geratene Realität charakterisiert und sieht sich der Protagonist nur im mystischen Raum selbst verwirklicht, so ist das Verhalten Berthas und Eckberts durch die Momente von Schuld, Angst, Flucht und Sühne bestimmt; es ist nicht darauf ausgerichtet, aktiv handelnd die mystische Sphäre zu schaffen, zu erhalten und in sie — sich selbst mit ihr eins fühlend — einzutauchen. Das bewußte Verdrängen der Wirklichkeit ist bei Bertha und Eckbert nicht zu beobachten. Aus Angst und Fluchtwillen resultierende Motive bestimmen ihr Verhalten. Demnach divergieren der ‚Goldne Topf' und der ‚Blonde Eckbert' in ihrer Märchenqualität erheblich. Es ist letztlich der Grad der Wirklichkeitserfassung, der die beiden Dichter grundsätzlich unterscheidet.

2.1 Die Bewegungen Berthas im Geschehnisraum

Berthas Erleben in der Waldeinsamkeit verdeutlicht ein negatives Gegenstück zum Aufbruch- und Rückkehrmotiv des Volksmärchens, denn die „Waldeinsamkeit" wird letztlich zum Desaster. Die Flucht aus dem Dorf, die aus der Angst vor dem patriarchalischen Vater und der sozialen Not resultiert, ist eher ein unbewußter Akt, denn der Verzweiflung nahe „stand ich auf und eröffnete, fast ohne daß ich es wußte, die Tür unserer kleinen Hütte. Ich stand auf dem freien Felde, bald darauf war ich in einem Walde, in den der Tag kaum noch hineinblickte. Ich lief immerfort [...]" (77, 1 ff.). Das erreichte Ziel, die Hütte der Alten, erweckt in ihr nicht nur den lang gehegten Kindheitstraum: „[...] die Not meiner Eltern verstand ich sehr gut. Oft saß ich dann im Winkel und füllte meine Vorstellungen damit an, wie ich ihnen helfen wollte, wenn ich plötzlich reich würde, wie ich sie mit Gold und Silber überschütten und mich an ihrem Erstaunen laben möchte [...]" (76, 6–11). Er erweckt auch den Wunsch nach individueller Verwirklichung, die in der Verbindung mit einem schönen Rittersmann gesehen wird: „Ich dachte mir den schönsten Ritter von der Welt, ich schmückte ihn mit allen Vortrefflichkeiten aus [...]" (82, 39 und 83, 1 f.). So wird die Flucht aus der Hütte, in der sie den Frevel begeht, Bertha nicht in das elterliche Dorf führen, denn der Weg geht nach der entgegengesetzten Seite. Als sie aber wider alle Erwartung und unverhofft im Dorfe an-

---

(57) Kreuzer, Ingrid: Märchenform und individuelle Geschichte (Anm. 54), S. 173.
(58) Kreuzer, Ingrid (Anm. 57).

langt, da wird der Traum, den sie hier zuvor geträumt, wieder lebendig. Er aber scheint nun ihren Sündenfall positiv zu motivieren: „Unendlich freute ich mich darauf, meine Eltern nun nach so manchen Jahren wiederzusehen [...] Ich hatte es mir so schön gedacht, sie mit meinem Reichthume zu überraschen; durch den seltsamsten Zufall war das nun wirklich geworden, was ich in der Kindheit immer nur träumte – und jetzt war alles umsonst [...] war für mich auf ewig verloren" (86, 13 ff.). Diese enttäuschende Rückkehr wirft die Schuld auf sie selbst zurück und zeichnet sie als Movens ihres Tuns aus; macht die Flucht aus der Hütte als eine schuldbewußte kenntlich und bewirkt den Vogelmord, der den Verdrängungsakt ihrer Schuld symbolisiert und sie in die Abgeschiedenheit des Schlosses führt. In fast ungestörtem Bewußtsein erlebt Bertha ihr Gesamtschicksal realitätsnah und zielgerichtet. Sie handelt so, daß ihr Weg, vom sozialen Gefälle aus betrachtet, sich vertikal vollzieht – auch wenn sie den sozialen Aufstieg selber initiiert. „Eckbert ist es, der die materialistische Versorgungsehe eingeht!"[59]

Die Tat als solche berührt also das Gewissen Berthas kaum, denn das Schuldgefühl, das der Vogel in ihr erzeugt, erlischt sofort mit dessen Beseitigung, und Schuld wird bei ihr als Handlungsmotiv lediglich durch das Wissen von anderen als Furcht wirksam. Es ist vielmehr der Aufstiegswille aus sozialen Niederungen, der Berthas Handeln bestimmt. Hier zeigt sich, daß „Schuldbewußtsein [...] im bindungslosen Individuum nicht anwesend [ist ... es] entsteht erst vor dem Hintergrunde sozialer Bindungen [...]"[60] So reflektiert der Text die soziale Implikation der Leserwirklichkeit. Die Individualschuld Berthas wird nicht durch eine individuelle Sühne gerächt. Es zeigt sich lediglich ein Wechsel der Handlungsräume, in denen Bertha ihre Schuld verdrängen kann. So erweist sich Berthas Handeln als individueller Schicksalsweg – hat keinerlei Aufforderungscharakter wie der des Studenten Anselmus. Deutlich zutage tritt das Verhaftetsein des Menschen in den Bedingungen einer diesseitigen Zeitlichkeit: Bertha fällt aus der Kindheit in die Zeit und kann sich dieser nicht entziehen, obschon sie deren Bedingungen nicht gewachsen ist.

2.2 Die Bewegungen Eckberts im Geschehnisraum

Gleichsam stellvertretend an Berthas Stelle kehrt Eckbert am Schluß des Märchens an den Ursprungsort der Versuchung und der Sünde zurück. Seine Bewegungen im Geschehnisraum sind vor allem geprägt durch Kommunikations- und Handlungsarmut: „Er lebte sehr *ruhig für sich* [...] auch sah man ihn nur selten *außerhalb den Ringmauern* seines kleinen Schlosses [... er] liebte die *Einsamkeit* [...] selten wurde Eckbert von Gästen besucht [...] wenn er allein war, bemerkte man an ihm eine gewisse Verschlossenheit, eine stille zurückhaltende Melancholie" (74, 8 ff.; Hervorhebungen von den Verfassern). So scheint Eckbert schon immer in einem statischen Raum gelebt zu haben, ohne jeweils aktiv gewesen zu sein, so wie Bertha ihn schildert: „Schon lange kannt' ich einen jungen Ritter, der mir überaus gefiel, *ich gab ihm* meine Hand [...]" (87, 23 f., Hervorhebung von den Verfassern). Eckberts Kommunikationslosigkeit und Passivität korrespondiert mit dem Geschehnisraum „Schloß". Erst als durch die Erzählung Berthas in den statischen und kommunikationsarmen Raum eine gewisse Dynamik kommt, zeigt sich Eckbert aktiv, von Furcht und Angst getrieben, fortgetrieben aus dem nun wieder in Statik zurückfallenden Geschehnisraum „Schloß", in den er als Aktiver nicht mehr zu passen scheint: „In einem abgelegenen Gemache ging er in unbeschreiblicher Unruhe auf und ab [...] Er nahm seine Armbrust, um sich zu zerstreuen und auf die Jagd zu gehen" (89, 19 ff.).

(59) Kreuzer, Ingrid (Anm. 54), S. 166.
(60) Kreuzer, Ingrid (Anm. 54), S. 166.

Die Dynamik, die Eckbert mit der Ermordung Walthers in den Geschehnisraum bringt, ist offenkundig: „Es war ein rauher stürmischer Wintertag, tiefer Schnee lag auf den Bergen und bog die Zweige der Bäume nieder [...]" (89, 28–39). Nach Walthers Tod hält ihn nichts mehr „in der größten Einsamkeit" des Schlosses, und das Verlangen nach einem Kommunikationspartner treibt ihn hinaus, obschon er sich — und hier zeigt sich eine Parallele zu Bertha — nach dem Mord an Walther zuerst einmal „leicht und beruhigt" (89, 37) fühlt, denn auch seine Furcht erlischt wie die Berthas. Und wie Berthas Weg von der Stadt zum Schlosse führt, so führt nun Eckberts Weg vom Schloß zur Stadt, in der sich schuldmahnend der neugewonnene Freund Hugo in Walther verwandelt. Wie Bertha mit dem Vogelmord alle ihre Erinnerungen und Bindungen an den mystischen Raum tilgen will, so tötet Eckbert Hugo, weil dieser ihn in der Gestalt Walthers an dessen Tod erinnert. Mittels der damit erzeugten Dynamik gelangt Eckbert in die Nähe der Waldeinsamkeit: „Er beschloß eine Reise zu machen, um seine Vorstellungen wieder zu ordnen; den Gedanken an Freundschaft, den Wunsch nach Umgang hatte er nun auf ewig aufgegeben" (91, 38 und 92, 1 f.). Er gelangt aber auch in den für immer unveränderbaren Raum, der den Verzicht auf jeglichen sozialen Kontakt voraussetzt „[...] den Gedanken an Freundschaft, den Wunsch nach Umgang hatte er nun auf ewig aufgegeben". Diesen Verzicht hatte Bertha nicht ertragen können — ein Motiv für ihre Flucht aus der Waldeinsamkeit an einen anderen Ort, der allerdings auch keine Kommunikation ermöglichte. Und ebenso flieht Eckbert aus der Einsamkeit des Schlosses in die des Waldes, tauscht den einen kommunikationsfeindlichen Ort mit dem anderen. Hier schließt sich das Märchen wie ein Kreis, denn Eckbert geht einen ähnlichen Weg wie Bertha. Der Märchenweg Berthas, vom Dorf ausgehend, führt sie über die Waldeinsamkeit zum Heimatort zurück. Dann wechselt er zur Stadt und bezieht sich endlich auf den Ruhepunkt „Schloß". Hier beginnt Eckberts Weg. Er führt zur Stadt, kreist für einen Augenblick um den eingeschobenen Ruheort „Schloß" und strebt schließlich in die Waldeinsamkeit. Die Entsprechung der Bewegungen beider Protagonisten ist somit gegeben, und „[...] aus dem anfänglichen Kreis wird jeweils eine zielstrebige Linie, deren Richtungspfeile aber diametral auseinandergehen"[61]. Sie gehen aber nicht diametral auseinander, wenn bedacht wird, daß beide Wege mit der Vernichtung der Helden in einem statisch angelegten Geschehnisraum enden. Mittelbar enthalten auch die Bewegungen der Protagonisten, auch wenn sie an und für sich dynamisch sind, ein Moment der Statik, denn raumverändernd wirken sie nicht. Im Unterschied zum ‚Goldnen Topf' handeln Bertha und Eckbert in einem Geschehnisraum, der durch sie keinerlei Veränderung erfahren kann, zumal da ein bewußtes Verdrängen des einen oder anderen Geschehnisraumes nicht existiert. Anselmus hingegen wirkt auf die Räume gestaltend ein und entzieht sich dem einen durch bewußtes Ineinssetzen mit dem anderen.

3 Liebe, Freundschaft und Einsamkeit

„Der Einzelne verdankt [...] der Gesellschaft indirekt sein ganzes Sein. Eben deshalb aber reicht auch seine Feindseligkeit gegen sie über die nur ethische Feindseligkeit weit hinaus. Wiewohl er ihr so viel verdankt, vielleicht aber auch gerade deswegen, wird er ihr von einer bestimmten Höhe der Individualisierung und der Reflektivität ab gram".[62]
Diese Stufe ist im ‚Blonden Eckbert' offensichtlich erreicht, denn sonst wäre die Gesellschaft nicht so radikal ausgeschlossen. Heißt es doch über Eckbert und Bertha: „Er lebte sehr ruhig

(61) Kreuzer, Ingrid (Anm. 54), S. 178.
(62) Landmann, Michael: Pluralität und Antinomie. Kulturelle Grundlagen seelischer Konflikte. München, Basel 1963, S. 28.

für sich und war niemals in den Fehden seiner Nachbarn verwickelt, auch sah man ihn nur selten außerhalb den Ringmauern seines kleinen Schlosses. Sein Weib liebte die Einsamkeit ebensosehr [...]" (74, 8–12). Will man die Haltung bewerten, so ist zu bedenken, daß Eckbert trotz seines Adels typisch bürgerliches Verhalten zeigt, indem er sich von den bramarbasierenden Tätigkeiten seines Standes zurückzieht. Außerdem bestimmt letztlich Bertha den materiellen Status der beiden, weil sie das Kapital in die Ehe einbrachte. Gleichwohl erklärt das alles noch nicht den gesellschaftlichen Rückzug der Eheleute.

Der Schlüssel zur Diskussion dieser Frage mag sich aus einem Hinweis des Erzählers ergeben, der auf die Melancholie Eckberts aufmerksam macht (74, 21 f.). Melancholie aber hat etwas zu tun mit dem „Syndrom von realer Aktionshemmung, Kontemplationsneigung"[63] und mit Sublimierung. Die Introversion geht also hervor aus der die Zeit um 1800 kennzeichnenden Kluft zwischen dem Ideal bürgerlicher Mit- und Selbstbestimmung und der Realität des Ausschlusses im deutschen Duodezabsolutismus. Resignativ kommt das Bewußtsein dieses Antagonismus bei Tieck dadurch zum Ausdruck, daß Eckbert offensichtlich den Anachronismus des Rittertreibens durchschaut, ihm aber nichts entgegensetzt als Rückzug. Anders als der Jüngling in ‚Franz Sternbalds Wanderungen' macht Eckbert aber nicht einmal Pläne, entwirft keine Sehnsuchtsbilder, sondern er verhält sich selbst in seinen Gedanken statisch, ist auf Bewahrung seiner Exklusivität bedacht, was Verlust von Utopie bedeutet. Wie sehr diese „Verschlossenheit" (74, 21) aber Ideologie ist, wird deutlich, wenn direkt nach der Betonung seiner Zurückhaltung Eckberts Freundschaft zu Philipp Walther dargestellt wird. Die Melancholie aus dem Gefühl gesellschaftlicher und politischer Ohnmacht geht also einher mit der Apotheose der Freundschaft. Eine Erklärung hierfür läßt sich vielleicht mit einem Satz Christian Garves finden, der in Zeitgenossenschaft mit Tieck 1801 schrieb: „Im allgemeinen ist immer mit der Einsamkeit etwas Schwermuth, und mit der Gesellschaft Fröhlichkeit verbunden".[64] Dies zeigt, wie schwer es ist, Einsamkeit und die offenbar mit ihr verbundene Melancholie auszuhalten. So ist Eckberts Wunsch nach Freundschaft nur zu verständlich und wird vom auktorialen Erzähler noch einmal unterstrichen. Diese innige Freundschaft wird dabei ausdrücklich als den „zarten Seelen" (75, 5) zugehörig gekennzeichnet. Aus der sensibel gefühlten Vereinsamung entsteht also Wertschätzung der Einsamkeit und Verherrlichung melancholischer Disposition, zu der auch der Freundschaftskult gehört.

Dramatisch ist nun, wie schnell die Idee des Mitmenschlichen in der Novelle getilgt wird; schon auf der zweiten Seite wird Freundschaft letztmalig deutlich bekundet: „Als das Abendessen abgetragen war, und sich die Knechte wieder entfernt hatten, nahm Eckbert die Hand Walthers [...]" (75, 22 f.); und nach der Erzählung Berthas bereut er seine Vertraulichkeit bereits: „Es fiel ihm ein, daß Walther nicht so herzlich von ihm Abschied genommen hatte, als es nach einer solchen Vertraulichkeit wohl natürlich gewesen wäre" (88, 12–14). Was aber ist der Grund für diesen Verlust auch der einzigen mitmenschlichen Beziehung neben der Ehe? Es ist der Einfall des Materiellen, der Habgier in die Welt, „denn das ist die Natur des Menschen, eine unselige Habsucht nach unsern Edelsteinen empfinden" (88, 9 f.).

Die Novelle gestaltet also den zunehmenden Verlust von Bindungen, um am Schluß die eine große wiederherzustellen: die ewige Ordnung. Am Anfang wird nur ganz kurz die außerhalb des Werkes liegende Welt angedeutet, von der sich Eckbert zurückgezogen hat. Der Freund, der noch da ist, wird sich zunehmend entfernen, um dann als der Strafende zurückzukehren. „Eckbert lebte nun eine lange Zeit in der größten Einsamkeit; er war schon sonst immer schwermütig gewesen [...] aber jetzt war er ganz mit sich zerfallen" (90, 4–9). Diese Worte

---

(63) Lepenies, Wolf: Melancholie und Gesellschaft. Frankfurt a.M. ²1981, S. 79.
(64) Zit. nach: Lepenies (Anm. 63), S. 89.

verweisen auf Melancholie nicht als Medium der Selbstgefälligkeit, sondern als Ausdruck der Auflösung von Identität, die zu bewahren Eckbert die Freundschaft mit Walther pflegte. Somit erweist sich der zu Beginn der Novelle aufscheinende Freundschaftskult als Ausdruck der existentiellen Not.

„Als Einheit geistigen, seelischen, sinnlichen Erlebens ergreift die Liebe den ganzen Menschen, ja hilft dem Menschen erst, wirklich ganz zum ‚wahren vollständigen Menschen‘ zu werden." Dies stellt Paul Kluckhohn zur Liebesauffassung der Romantik fest[65], womit also die wohl bedeutsamste Bindung des Individuums benannt wäre, eine Bindung, die den Menschen nach Vorstellung der Romantiker erst zur ganzheitlichen Persönlichkeit werden läßt. Auch hierzu macht Tieck in seiner Novelle einen dramatischen Vorfall sichtbar: „[...] beide schienen sich von Herzen zu lieben" (74, 12f.), so heißt es am Beginn. Am Schluß lauten die Worte der Alten „‚Und Bertha war deine Schwester‘" (93, 6).

Gewaltig schlägt wieder die strafende Gerechtigkeit zu; die den Menschen erhebende Ehe wird zu einem Inzestverhältnis erklärt, womit Eckbert einsamer ist, als je einer gewesen sein mag.

Wenn wir unter den gegebenen Kategorien — Liebe, Freundschaft und Einsamkeit — Tiecks Märchen resümieren, so ist folgendes sicherlich besonders signifikant: Es gibt die selbstgewählte Einsamkeit zu Beginn des Werkes, die besonders positiv besetzt scheint. Der resignative Aspekt, der soziologisch und psychologisch sichtbar würde, ist getilgt. Die gesellschaftliche Isolierung, die Innerlichkeit und vielleicht Naturnähe bedeutet, führt zu einem sentimentalen Leben, in dem selbst Eckberts Melancholie wenig erschreckend wirkt. Gerade in dieser Gesellschaftsferne können die existentiellen Bindungen, Freundschaft und Liebe, um so inniger gedeihen, idyllisch geradezu. Im weiteren aber zeichnet die Novelle die Genese einer zweiten, einer verzweifelten Einsamkeit, die nach Auflösung auch dieser Beziehungen zutage tritt und die eine Krankheit zum Tode ist. Zeichnet die erste Stufe der Einsamkeit die zarten Seelen aus, so ist die zweite ein Signum böser Schuld, hier der Berthas und auch Eckberts, weil er wissentlich von dem Raub seiner Frau profitiert.

Zweimal erweist sich Tiecks kleines Werk mithin als brisant und aggressiv politisch, nämlich in der Darstellung einer Gesellschaft, die unwirklich geworden ist, so daß wahres Menschentum nur außerhalb ihrer möglich ist. Die zweite Wirkung liegt in der Feststellung begründet, daß die Dominanz der Habsucht und die materielle Verlockung ein zerstörerisches Element in dieser Welt sind. Doch zweimal nimmt Tieck seine politische Anklage zurück, indem die Gesellschaftsflucht höchstens ex negativo auf Kritik schließen läßt, Gesellschaftsferne und Eskapismus vielmehr als absoluter Wert erscheinen. Zudem wird die Schuld allein Bertha — und Eckbert —, keinesfalls aber den Gesellschaftsstrukturen zugemessen. Insofern erweist sich Tiecks Märchen als risikolos, fast als Bekenntnis eines Unpolitischen.

4 Erzählstruktur und Leserlenkung

Untersucht man Komposition, Erzählhaltung und Leserlenkung des ‚Blonden Eckbert‘, so muß man bedenken, daß der Novellencharakter die Strukturvorgabe darstellt, innerhalb derer dann Differenzierungsmöglichkeiten gegeben sind. Mit dem für die Novelle kennzeichnenden Wechsel zwischen Rahmen- und Binnenerzählung gehen die Übergänge von der auktorialen zur Ich-Erzählsituation und später umgekehrt einher. Doch wird im Sinne einer Minimalanforderung an die Novelle noch mehr erwartet, was nicht ohne Einfluß auf die Leserlenkung ist, nämlich die dramatische Anlage zur Peripetie hin, der leitmotivische

---

(65) Kluckhohn, Paul: Das Ideengut der deutschen Romantik. Zitiert nach: Erzählungen der Romantik (Klett, Editionen, Anm. 23), S. 128.

Gebrauch eines (Ding-)Symbols sowie die Verkürzung in psychologischen und sozialen Bezügen. Wenn die normative Setzung eines solchen Katalogs mittlerweile auch nicht mehr haltbar ist, so war sie für Tieck dennoch relevant, da er sich selbst an der Diskussion der neuentdeckten, an Boccaccio orientierten literarischen Form beteiligte.

Die novellentypische Scheidung in Rahmen- und Binnenhandlung ist unter dem Aspekt der Synthetisierung zu betrachten. Gerade die spezifische Art der Scheidung verdeutlicht, wie Tieck bemüht ist, vermeintliche Antinomien zu Polaritäten zu erklären.[66] Die Trennung in zwei unterschiedlich gestaltete Erzählbereiche scheint antinomisch, die Tatsache des Ineinandergreifens jedoch schafft Polarität, damit Synthese.

Wenden wir uns zur Überprüfung dieser These zunächst der Rahmenhandlung zu, die den blonden Eckbert zum Protagonisten hat. Nach einer kurzen Märchenexposition, die in aller Knappheit die beteiligten Figuren und ihr Umfeld darstellt, zeigt sich der auktoriale Charakter der Rahmenerzählung: ,,Es gibt Stunden, in denen es den Menschen ängstigt, wenn er vor seinem Freunde ein Geheimnis haben soll, was er bis dahin oft mit vieler Sorgfalt verborgen hat, die Seele fühlt dann einen unwiderstehlichen Trieb, sich ganz mitzuteilen, dem Freunde auch das Innerste aufzuschließen, damit er um so mehr unser Freund werde. In diesen Augenblicken geben sich die zarten Seelen einander zu erkennen, und zuweilen geschieht es wohl auch, daß einer vor der Bekanntschaft des andern zurückschreckt" (74, 35 bis 75, 7). Diese auktoriale Einmischung stellt eine deutliche Kundgabe des Erzählers dar, der nicht etwa nur lakonisch eine Handlung der Figuren bewertet, sondern die Kasuistik des Geschehens nutzt, um eine grundsätzliche Aussage zu treffen. Hätte er dieses Vorgehen beibehalten, so wäre das Werk bald als Exemplifizierung allgemeiner Wahrheiten ausgewiesen worden. Doch zunehmend verschwindet der Erzähler hinter dem Geschehen, überläßt damit die Deutung und Bewertung dem Leser.

Zwar folgen weitere Kommentare, doch behutsamer, weniger pauschal und weniger omnipotent: ,,Es schien aber seine Verdammnis zu sein, gerade in der Stunde des Vertrauens Argwohn zu schöpfen [...]" (91, 11 f.). Indem die auktoriale Novelle sich zur personalen hin öffnet, kann sich der Leser emanzipieren. Wie der Leser tritt der Erzähler zunehmend seiner Erzählung fremd gegenüber, ist vor Überraschung nicht mehr gefeit (,,schien [...] zu sein"). Was bei Hoffmann signifikant ist, tritt bei Tieck fast vollständig zurück — das intellektuelle Spiel mit dem Leser als Ausdruck der Ironie. Wenn er ihn auch nicht mehr bevormunden will, so fordert Tieck den Leser auch nicht zu einer intelligenten Auseinandersetzung heraus. Der implizite Leser ist also offensichtlich weniger mündig.

Ist die Rahmenerzählung in ihrer Struktur offen für die personale Erzählsituation, so ist die Binnenerzählung, also die 'Jugendbeichte' Berthas, in der Ich-Form verfaßt — versetzt mit auktorial anmutenden, allgemeinen Sentenzen der Frau: ,,Der Mensch wäre vielleicht recht glücklich, wenn er so ungestört sein Leben bis ans Ende fortführen könnte" (82, 28–30). Diese Einschübe — jeweils durch Gedankenstrich abgesetzt — dienen dem Verständnis Berthas, gleichen aber doch den Bewertungen des nicht am Geschehen beteiligten Erzählers.

Resümiert man die Kommentare, so wird deutlich, daß sich in ihnen die Sehnsucht nach einem stillen Leben, nach Freundschaft und Anspruchslosigkeit ausspricht, gleichzeitig die Klage über verlorene Unschuld, über Anfechtbarkeit.

Die weiteren wesentlichen Merkmale der Erzählstruktur weisen auf einen stringenten und linearen Bau hin, so daß der Schluß zwar vorbereitet ist, gleichwohl noch pointenhafte Wirkung hat: ,,,Siehe, das Unrecht bestraft sich selbst: Niemand als ich war dein Freund

---

(66) Vgl.: Kluckhohn, Paul (Anm. 65). Auszug in: Erzählungen der Romantik (Klett, Editionen, Anm. 23), S. 119 f. Vgl auch die neueste Publikation zum Themenbereich dieses Kapitels: Greiner, Bernhard: Pathologie des Erzählens: Tiecks Entwurf der Dichtung im ,Blonden Eckbert', in: Der Deutschunterricht 39 (1987) Heft 1, S. 111–123.

Walther, dein Hugo! [...] Und Bertha war deine Schwester'" (93, 1—6). Diese Sätze der Alten lösen die schreckliche Geschichte auf, ohne jedoch wirklich überraschend für den Leser zu kommen. Zwar ahnt dieser nicht die volle Wahrheit voraus; doch auch er mag sich am Schluß mit Eckbert fragen: „„Warum hab' ich diesen schrecklichen Gedanken immer geahndet?'" (93, 12f.). Der Weg dieser Ahndung läßt sich in wesentlichen Stationen nachzeichnen: So erkennt der Leser, als er Hugo in der Gesellschaft mit dem alten Ritter sprechen sieht, mit Eckbert zugleich: „Indem er noch immer hinstarrte, sah er plötzlich Walthers Gesicht, alle seine Mienen, die ganze, ihm so wohlbekannte Gestalt, er sah noch immer hin und ward überzeugt, daß niemand als Walther mit dem Alten spreche" (91, 25—29). Dieser Hinweis macht auch deutlich, weshalb auktoriale Einmischungen des Erzählers immer stärker abnehmen: Je mehr sich das Geschehen auf die Geschichte Eckberts zuspitzt, um so mehr spricht er für sich, kann der Erzähler zurücktreten.

Zurück zu der Linie der Hinweise, die dem Leser das Geheimnis allmählich enträtseln: Die für den pyramidenhaften Novellentypus kennzeichnende Peripetie, das unerwartete Umschlagen der Handlung, ist in dem Moment gestaltet, als Walther den von Bertha vergessenen Namen des Hundes entdeckt: „Strohmian" (88, 2) — die Entdeckung, welche Eckberts Frau den Tod bringt.

Den Verlauf der Handlung leitmotivisch widerspiegelnd und in einer Nuancierung sie gleichzeitig übersteigend, führt das Lied des Vogels den Leser zu Weisen des Verstehens, die doch stets geheimnisvoll bleiben. Dem Hohenlied der Waldeinsamkeit (80, 11—16) folgt das Klagelied des Verlusts dieser Harmonie:

> „Waldeinsamkeit
> Wie liegst du weit!
> O dich gereut
> Einst mit der Zeit. —
> Ach einz'ge Freud
> Waldeinsamkeit!" (87, 2—7)

Die beiden Varianten des Leitmotivs kommentieren fast wie ein antiker Chor den jeweiligen Stand der Handlungsentwicklung, freilich nicht in diskursiver Sentenz, sondern in der Metapher. Der erste Einsatz des Motivs erfolgt in einer Situation, die noch unter der scheinbaren Möglichkeit einer Harmonie steht, der Harmonie zwischen Mensch und Natur. Doch gerade weil Einsamkeitspathos hier beschworen wird, ist die Bedrohung gegenwärtig; durch die ständige Wiederholung der wenigen Worte wird das Lied gleichsam zur Warnung. Der Verlust der Harmonie in der zweiten Aufnahme des Leitmotivs wird dadurch deutlich, daß der singende Vogel lange Zeit ruhig war; wenn er jetzt noch einmal die Stimme erhebt, so um ein Testament auszugeben.

Als das — wiederum veränderte — Lied ein letztes Mal erklingt, ist es eine Apotheose neu gewonnener Einheit:

> „Waldeinsamkeit
> Mich wieder freut,
> Mir geschieht kein Leid,
> Hier wohnt kein Neid,
> Von neuem mich freut
> Waldeinsamkeit" (92, 23—28).

Es ist, als sei nach einer Periode der Zerstörung, des Tötens auch, denn Bertha hat den Vogel ja umgebracht, die harmonische Ordnung wiederhergestellt. Noch geheimnisvoller, noch zeitlos gültiger erscheint dem Leser diese Aussage, weil kein Sänger identifizierbar ist. Wie ein überpersönliches, ein göttliches Raunen sind diese Worte, eine ewige Wahrheit verkündend; grausam und unerbittlich zugleich, denn sie treiben Eckbert, der gegen die Ordnung verstieß, in Wahnsinn und Tod.

Das dreifache Auftreten des Leitmotivs als Deutungsarrangement über die Kasuistik des Geschehens hinaus mag einen Interpretationsansatz stützen, den Bürger unternimmt, wenn sie den Bezug zu Schillers Definition der Idylle herstellt[67]: „Schillers Geschichtsbegriff ist ein dialektischer, der Durchgang durch die Entfremdung, das Auseinandertreten von Natur und Vernunft, von Individuen und Gesellschaft sind notwendig, damit die Totalität der menschlichen Natur auf einer höheren Stufe wieder hergestellt werden kann." — Es hat den Anschein, als hätte Tieck die drei Stufen des dialektischen Prozesses mit den Variationen des Liedes erzählerisch anschaulich gestaltet. Wäre die höhere Stufe der Synthese nicht darstellerisch intendiert gewesen, so hätte das letzte Lied dem ersten wortgetreu entsprechen müssen. Es fragt sich jedoch, ob dieser dialektische Prozeß, wie er im Leitmotiv gestaltet ist, nicht die Analogie zur Fabel verläßt, da hier ein Fortschreiten kaum nachweisbar ist, eher eine Rückkehr zum Vorhergehenden naheliegt. Insofern könnten die Lieder einen Überbau darstellen, der seine Basis verlassen hat, indem sie eine Dynamik vortäuschen, wo doch vorrangig Statik zu vermerken ist.

Während Hoffmanns Leserlenkung als diffizil und ironisch widersprüchlich zu kennzeichnen ist, kann man Tiecks Gestaltung in dieser Hinsicht als formalistischer charakterisieren, und zwar insofern, als er den Leser primär mit den traditionellen Mitteln der Novelle führt. — Verlassen wir in der Betrachtung die novellistische Makrostruktur, so ist noch ein Merkmal unmittelbar auffällig: die durchgehende Beseelung der Natur, die erzähltechnisch in der Personifizierung von Belebtem und Unbelebtem begründet liegt. Einige Beispiele dafür: „Mäßigkeit wohnte dort", „Sparsamkeit selbst schien alles anzuordnen" (74, 17–19); „der Mond sah" (75, 28); „meine Angst trieb mich vorwärts" (77, 19 f.); „Felsen traten immer weiter hinter uns zurück" (79, 24 f.); „munteres Bellen kam uns entgegen" (80, 4); „die grünen Birken funkelten" (84, 39 und 85, 1) etc. Sind auch viele dieser Personifizierungen schon alltagssprachlich und damit wenig auffällig, so macht ihre Summe doch das Intendierte deutlich; Tieck gelingt es dadurch, dem Leser Pananimismus zu suggerieren. Suchte Hoffmanns Erzähler noch häufiger den Diskurs mit dem Leser, um das Geheimnisvolle und Unglaubliche zu dokumentieren, so schafft Tieck das durch sich wiederholende Wortfiguren. Dieses Prinzip mündet unmittelbar in eine bedeutsame inhaltliche Kategorie, nämlich in die Entmündigung der Figuren, die darin liegt, daß sie die Handlungen nicht selbst ausführen. „Wenn die Seele erst einmal zum Argwohn gespannt ist, so trifft sie auch in allen Kleinigkeiten Bestätigungen an" (88, 14–16). Dieser Satz des auktorialen Erzählers verdeutlicht, wie sich die Natur außer uns oder in uns emanzipiert und unsere Handlungen, die dann gar nicht mehr die unsrigen sind, bestimmt. Im Zusammenhang des eben zitierten Satzes wird exemplarisch deutlich, daß diese Fremdbestimmung aus dem Innern zu dann ebenfalls nicht selbstgewollten äußeren Handlungen führt. Eckberts Seele ist zum Mißtrauen gespannt, also kommt es zur Tat, nicht aber dazu, daß Eckbert handelte: „[...] aber indem flog der Bolzen ab, und Walther stürzte nieder" (89, 35 f.). Immer wieder wird so in der Sprachgestalt die Handlungsohnmacht der Figuren sichtbar, was ihre Entschuldung nahelegen könnte, wäre da nicht der fensterlose, monadenhafte Abschluß ihres Lebensraumes. Wäre der Raum nicht in dieser Weise hermetisch, könnten externe Faktoren zur Klärung des geradezu mechanistischen Ablaufs der Geschehnisse herangezogen, zum Movens erklärt werden. Doch diese Möglichkeit der Schulddelegation gibt es nicht, ebensowenig — was bereits in der Struktur der Novelle begründet liegt — eine psychologische; zwar könnte man sagen, Bertha sei insofern entschuldigt, als sie ohne weiteres erklären kann: „die Sucht etwas Neues zu sehn, trieb mich vorwärts" (85, 21 f.). Doch kompositionstechnisch gehört diese Aussage eben zur subjektiven Binnenerzählung, und der kritische Betrachter vermag dagegen einzuwenden, sie hätte sich nicht treiben lassen dürfen.

(67) Bredella/Bürger/Kreis (Anm. 51), S. 22.

Auffällig, daß im ganzen Werk wenig Gegenrede zu verzeichnen ist, kaum der Ansatz zu einem symmetrischen Gespräch; der Schlußdialog ist eine einzige Aburteilung Eckberts. Dies alles deutet darauf hin, daß die Novelle eine geschlossene Welt beschreibt, deren Lauf im Sinne einer prästabilierten Harmonie geordnet ist. Der Mensch hat unter diesen Gegebenheiten seine Bahn zu beschreiben; verläßt er sie, verletzt er das ganze sympathetische Gefüge dieser Welt, die dann im Sinne einer Kettenreaktion ihre Harmonie wiederherstellt. Dieses Weltmodell impliziert auch die monadenhafte, scheinbare Vereinzelung des Menschen, die darin liegt, daß er zur Funktion erklärt wird. Alle wesentlichen Merkmale kompositorischer und erzähltechnischer Art sind geeignet, dieses Weltmodell zu stützen und mitzuentwerfen. Insofern hat Christa Bürger recht, wenn sie behauptet, daß dem ‚Blonden Eckbert‘ die verändernde Zukunftsperspektive fehle, daß die Natur Gewalt über Geschichte erhalte und die Geschichte selbst sich zirkulär bewege.[68]

Zirkularität statt Progression also als Kennzeichen der Märchennovelle — wie aber verhält es sich dann mit dem bereits angesprochenen leitmotivischen Lied von der Waldeinsamkeit? „Wiederum könnte man sagen, daß das Liedchen von der Waldeinsamkeit, das mit leichten Abwandlungen immer wiederkehrt, eine liebe Melodie, die einen nicht loslassen will, der Tropfen Rosenöl sei, von dem aus der weiche Duft sich gleichmäßig durch die kleine Dichtung verbreitet [...]“.[69] — Was Ricarda Huch hier über Tiecks ‚Blaubart‘-Märchen schreibt, mag auch für den ‚Blonden Eckbert‘ gelten. Doch der vom Lied ausgehende Duft ist lediglich betörend, nicht aber echt; die Idylle ist falsch, denn sie führt nicht zur Synthese, sondern zur Rückkehr.

5 Zum Märchencharakter der Novelle

Tiecks ‚Blonder Eckbert‘ ist ein seltsam unfrohes Märchen, schauerlich, grausam und beklemmend. Ricarda Huch sucht eine Erklärung in Biographie und Psychologie des Autors: „Ein Beherrschtwerden der elementaren Natur durch den Menschen konnte er sich nicht vorstellen; sie war ihm Frau Venus von verderblicher Schönheit, eine Teufelin, die den Menschen in ihre Arme zieht durch ihren alles übersteigenden Reiz, aber nur, um ihn zu töten. Nur derjenige, der sie kindlich verehrt, ohne ihrer zu begehren [...], denn sie ist die mütterliche, segenspendende Göttin. Im Leben sah Tieck überall nur unlösbare Verwirrung. Ein beständiges ängstliches Grauen über das steinerne Schicksal mit den festgeschlossenen Lippen, das die Puppen nach einem rätselhaften Plane hierhin und dorthin setzt, in einen Winkel wirft, vertauscht, umkleidet, in Purpur oder Lappen hüllt, zertrennt, zerfetzt, köpft und wieder zusammennäht, war sein Gefühl gegenüber dem Marionettenspiel des Lebens; eine dämmernd romantische Stimmung, geeignet zur Darstellung des Schaurigen.“[70]

‚Der blonde Eckbert‘ zeichnet tatsächlich eine Welt, die von lauter Proteusgestalten bevölkert ist, immer im Fluß, nie zu fassen. Menschen werden in der Tat zu Marionetten, wie unsere Analyse ausgewiesen hat, gehen durch die Welt wie am unsichtbaren Faden einer Norne. Vergebens sucht der Leser nach der aus dem Chaos emporsteigenden schönen Harmonie, wie man sie vom Märchen, dem romantischen zumal, doch erwartet. Aus der Undurchschaubarkeit der Schicksalsbestimmungen erwächst im ‚Blonden Eckbert‘ keine neue, größere, schönere Klarheit. Nicht einmal der Märchenpoet, für Novalis vielleicht der Priester-Dichter

---

(68) Vgl. Bredella/Bürger/Kreis (Anm. 51), S. 23.
(69) Huch, Ricarda: Die Romantik — Blütezeit, Ausbreitung und Verfall. Reinbek bei Hamburg 1985, S. 291.
(70) Huch (Anm. 69), S. 292f.

schlechthin, vermag Helligkeit anzudeuten, vielmehr erliegt er offensichtlich der Strenge und Grausamkeit einer mysteriösen Natur. Tieck zeigt auf, wie diese Natur sich behauptet, sich rächt für erfahrene Kränkung; das alles zeugt von Dumpfheit und Rigidität, ist ohne Perspektive der Veränderbarkeit. Sicherlich könnte alles gut bleiben, verehrte der Mensch die Natur lediglich kindlich. Doch wie soll das möglich sein, sobald er — auch phylogenetisch — das Kindheitsstadium verlassen hat? Dann gibt es kein Zurück, dann wird der Mensch grausam bestraft für seine Schuld, die keine andere letztlich ist als das Abwerfen der Kindheitskleider. Und so klagt denn dieses Märchen über den Verlust der Unschuld — mit einer einzigen scheinbaren Befriedigung: daß die Natur einen solchen Menschen nicht hinnehme. So macht Tieck den Verzweifelten und Ratlosen noch mutloser, er spendet keinen Trost und weist keinen Weg.

Eine ,,dämmernd romantische Stimmung'' attestiert Huch dem Autor, was selbst in der bloßen Symptombeschreibung unzureichend scheint. Was denn ist an dieser Stimmung romantisch? Sicherlich kann man darunter das Leiden an der nie erfüllten Sehnsucht verstehen, einer Sehnsucht, die am unzureichenden Leben traurig wird. Gerade die Frühromantiker wurden auffällig häufig von solchen Stimmungen affiziert, denn sie spürten den Antagonismus der ,,Zweideutigkeit zwischen reinem Geist und praktischer Wirklichkeit''[71], doch als Dichter können sie die Möglichkeiten, die der Geist ihnen bietet, nutzen, um Utopien zu entwerfen. ,Der blonde Eckbert' aber — von daher der Einwand gegen Huchs Aussage zur romantischen Stimmung — nutzt dieses freie Spiel des Geistes nicht, er ist Ausdruck von Resignation, wie ja Tiecks Biographie überhaupt häufig das Wechselspiel von euphorischem Aufschwung und — sichtbar in dem Märchen — quälender Selbstzermarterung offenbart. Und so zeigt sich in diesem Werk eine Situation, in der die oft bemühte Omnipotenz des Geistes das ungebundene Spiel der Imagination, die kühne Illusion nicht mehr erlaubt, sondern mit aller Kraft die Begrenztheit des Selbst an den Tag bringt.[72] Die durch die Freiheit des Geistes mögliche Erhebung über alle alltäglichen Beschränkungen kann umschlagen in die Erkenntnis, daß das Gedachte noch nicht das Getane ist[73], und somit zur Preisgabe der Verfügungsgewalt über das Gegebene führen. Genau dieses geschieht in der Novelle, wenn die Verfügungskraft in ihr Gegenteil verkehrt wird: in ein Verfügtwerden. Da Tieck in dieser Weise inhaltlich und von der Aussageabsicht Märchenklischees auflöst, kann die heute noch relevante Frage an das Märchen weniger auf Gattungspoetik gerichtet sein als vielmehr auf die historische Erklärbarkeit des Ausgesagten. Dieses Märchen will weder affirmativ verstanden sein, wenn es letztlich auch so interpretiert werden kann, noch nutzt es erfahrene historisch-soziale Gegebenheiten als Treppe zum Aufbau einer elysischen Gegenwelt. Tiecks Märchen fehlt also völlig die häufig gerade als gefährlich am Märchen gekennzeichnete Erlösungsidee als Opium für das Volk.

Tieck verfremdet die Märchengattung also insofern, als er keine Wege aus dem menschlichen Dilemma aufzeigt, vielmehr auf eine zutiefst trostlose Grundtatsache aufmerksam macht, wie er sie sieht: auf die ontologische Schuld des Menschen[74], zumindest aber auf die latente Gefahr des irreparablen Schuldigwerdens.

---

(71) Wiese, Benno von: Zur Wesensbestimmung der frühromantischen Situation (1928). In: Helmut Prang (Hrsg.): Begriffsbestimmung der Romantik. Darmstadt 1972, S. 165.
(72) (Anm. 71), S. 166.
(73) (Anm. 71), S. 168.
(74) Vgl.: Ribbat, Ernst: Ludwig Tieck. Studien zur Konzeption und Praxis romantischer Poesie. Frankfurt a.M. 1978, S. 158. — Ribbat bezieht sich hier auf Arendt.

Insgesamt gelingt es dem Autor, Erfahrungsrealität und Übersinnliches vorrangig in der Weise zu verdeutlichen, daß die sicher geglaubten Merkmale der vertrauten Welt in ein fremdartiges Licht gestellt werden. Entscheidend dabei ist die allmähliche Auflösung von Identität, so daß es in der Welt immer unwirtlicher wird, geglaubte Heimat verlorengeht. Insofern stellt Tiecks Märchen die konsequente Fortsetzung kapitalistischer Entfremdungsprozesse dar, gestaltet diese — und das leistet der Märchencharakter — in absentia derselben.

Kapitel IV

1 Desintegration und Ambivalenz des Geschehnisraumes in romantischer Theorie

1.1 Möglichkeiten romantischer Wirklichkeitserfassung

Das Erfassen von Wirklichkeit ist zunächst einmal subjektiv. Die romantische Wirklichkeitserfassung allerdings kann mit großer Berechtigung als historisch erklärbare Gruppenerscheinung beschrieben werden. Diese Homogenität unterstellende These mag nicht in jedem Fall einzelnen Untersuchungen standhalten. Doch bleibt die einheitliche Tendenz unmittelbar evident, nämlich die der ästhetisierenden Wirklichkeitserfassung.[75]
Wilhelm Heinrich Wackenroder – nicht allein wegen seiner engen Beziehung zu Tieck hier von Interesse – läßt bereits 1797 seinen „Tonkünstler" Joseph Berglinger denken: „Lieber Gott! ist denn das die Welt, wie sie ist? Und ist es denn dein Wille, daß ich mich so unter das Gedränge des Haufens mische und an dem gemeinen Elend Anteil nehmen soll? [...] Und doch ruft mir eine innere Stimme ganz laut zu: Nein! Nein! Du bist zu einem höheren, edleren Ziel gebóren!"[76] Bei aller gebotenen Distanz zu einer fiktiven Gestalt kann der geäußerte Subjektivismus, hier gesteigert zu einer Annahme der Erwähltheit, als durchgängiges Merkmal romantischer Welt- und Selbstdeutung angesehen werden. Nach den psychoanalytischen Untersuchungen C. G. Jungs läßt sich das sogenannte romantische Syndrom sogar bis in eine Gottanmaßung steigern: „Der Platz der Gottheit scheint durch die Ganzheit des Menschen eingenommen zu werden."[77]
Der häufigere Vorwurf des Solipsismus ist fraglos diskussionswürdig, doch muß dabei bedacht werden, daß die Ganzheit des Menschen diese Aufwertung erfährt. Dem unterstellten Selbstmitleid und dem Versuch, die Realität zu entwirklichen, gelten weitere Vorwürfe an die Romantiker. Mit einem erneuten Blick auf Berglinger kann aber verdeutlicht werden, wie der Mensch am Leiden seiner Umwelt zu zerbrechen droht: „Berglingers Zerrissenheit wird verstärkt durch sein soziales Verantwortungsbewußtsein."[78] Es ist also zu einseitig, Wackenroder „die Herausbildung eines bürgerlichen L'art-pour-l'art-Standpunktes"[79] zu unterstellen, wenn doch deutlich ist, daß die Fluchtbewegung einen Reflex auf die Wirklichkeit darstellt, diese also keineswegs ignoriert wird, sondern im „Berglinger" in einer sympathetischen Welt der Musik aufgehoben werden soll.
Richtig ist allerdings, daß die Realitätswahrnehmung bei Wackenroder nicht mehr den geläufigen Kategorien folgt, sondern die Realität in ein angenommenes höheres Wirkliches integriert und verwandelt – wie auch bei Hoffmann im ,Goldnen Topf'. In diesem Sinne spricht auch Novalis von einer „Wechselerhöhung und Erniedrigung"[80] als Verwandlung der vorfindlichen Welt in eine neue Qualität. Dies nennt er „romantisieren": „Romantisieren ist nichts als eine qualit[ative] Potenzierung."[81] Eine Möglichkeit, diese Verwandlung durchzuführen, besteht darin, „dem Gewöhnlichen ein geheimnisvolles Ansehn"[82] zu geben. Das

---

(75) Vgl. u.a.: Bürger, Christa: Romantische Gesellschaftskritik (Anm. 51), S. 11.
(76) Wilhelm Heinrich Wackenroder. Werke und Briefe. Hrsg. von G. Heinrich. München, Wien 1984, S. 235 f.
(77) Jung, C(arl) G(ustav): Psychologie und Religion. Zürich 1940, S. 14 f.
(78) Bollacher, Martin: Wackenroder und die Kunstauffassung der frühen Romantik. Darmstadt 1983, S. 127.
(79) Mittenzwei, Johannes: Wackenroders Flucht in den musikalischen Elfenbeinturm. In ders.: Das Musikalische in der Literatur. Halle 1962, S. 109.
(80) Novalis: Werke. Hrsg. und kommentiert von Gerhard Schulz. München 1969, S. 384.
(81) (Anm. 80).
(82) (Anm. 80).

heißt, dem Alltag wird eine verfremdende Gestaltung zuteil, womit er aber nicht getilgt ist.[83] Novalis' Sichtweise der Wirklichkeit erscheint sehr differenziert, indem nämlich das betrachtende oder erkennende Subjekt ins Blickfeld gerückt wird. Das anschauende und reflektierende Ich konstituiert erst die Welt, wobei die Erfahrungsrealität als Funktion dieses Prozesses aufzufassen ist. Damit ist nun nicht ohne weiteres eine Entwertung der Realität verbunden, sondern erst ihre eigentliche Kenntlichmachung. Indem ich ihr nämlich „einen unendlichen Schein gebe", decke ich den „ur[sprünglichen] Sinn"[84] wieder auf. Dieser Anamnesis-Gedanke ist insofern typisch romantisch, als er eine einst vollkommenere Welt voraussetzt, die zu rekonstruieren sei (vgl. ‚Goldner Topf'). Auch für Clemens Brentano ist die romantische Sicht der Welt subjekt-orientiert: „Alles, was zwischen unserm Auge und einem entfernten zu Sehenden als Mittler steht, uns den entfernten Gegenstand nähert, ihm aber zugleich etwas von dem Seinigen mitgibt, ist romantisch."[85] Stammt diese Definition auch von einer Romanfigur, so können wir sie doch ohne weiteres dem Autor unterstellen und damit eine Differenzierung Brentanos erörtern, die das bisher Gesagte noch nuanciert. Denn in diesen Sätzen ist nicht allein der Perspektivismus festgestellt, sondern gleichzeitig dessen spezifische Art. Das zwischen dem Betrachter und dem realen Gegenstand Liegende ist exakt nicht zu bestimmen und erweist sich als je unterschiedlich; doch ist es dasjenige Medium, das dem realen Gegenstand Gestalt verleiht. „Gestalt aber nenne ich die richtige Begrenzung eines Gedachten", definiert Brentanos Protagonist[86], womit ausgesagt ist, daß die romantische Wirklichkeitserfassung die hinter allem stehende Idee verdeutlichen müsse. Es müsse gleichsam ein perspektivierendes Prisma geben, das die unverstellte, damit wahre Anschauung der Gegenstände ermögliche, was durch die Perspektive des Anselmus gewährleistet ist. Otto Friedrich Bollnow weist am Beispiel der ‚Prinzessin Brambilla' nach, wie sehr das Verlangen nach dem Wiedergewinnen der wahren Anschauung im Werk E. T. A. Hoffmanns seinen Niederschlag findet.[87] Sicherlich hat es nach Hoffmann die unmittelbare wahre Anschauung in einer Zeit noch gegeben, als der Mensch in ungebrochenem Einklang mit der Natur lebte. Inzwischen brach jedoch das zergliedernde Denken in die Welt ein und vernichtete die Möglichkeit naiver Anschauung. Die Rückgewinnung kann nur noch auf „sentimentalischem" Wege erfolgen, eben mit Hilfe eines Prismas, einer Perspektive, welche die Gestalt wieder kenntlich macht. Bei der Analyse des ‚Blonden Eckbert' und des „Goldnen Topfs' sahen wir, wie im konkreten Fall diese Perspektive gewonnen wurde.

Alle Versuche der Romantiker, Wirklichkeit zu erfassen, Wirklichkeit in den Werken zu gestalten, stehen im Zeichen einer Krisenästhetik. Die romantische Poesie ist in Programmatik und Umsetzung durchgängig deswegen Krisenästhetik, weil es ein vierfaches Dilemma zu bewältigen gilt: Die soziale Krise der sich immer mehr verschlechternden Lebensverhältnisse weiter Bevölkerungsschichten, die auch zu zunehmender Vereinzelung führte; die politische Krise des feudalabsolutistischen Herrschaftssystems; die philosophische des rationalistischen

---

(83) Wenn wir hier „Alltag" setzen, wo sonst auch „Realität" oder „Wirklichkeit" stehen könnten, so deuten wir damit eine Definitionsnot an, die schon deutlich wird, sobald man behauptet, die Romantiker ästhetisierten die Wirklichkeit. Diese Aussage unterstellt das Vorhandensein einer „objektiven Wirklichkeit", wie Lukacs sie zu sehen glaubt, wenn er sie als „objektives Sein der Gesellschaft" (zitiert nach: Kleinstück, Johannes: Wirklichkeit und Realität. Kritik eines modernen Sprachgebrauchs. Stuttgart 1971) faßt. Wir hingegen gehen aus von einer Wirklichkeit, die vom Subjekt erst konstituiert wird. Zum notwendigen Verständnis der Ausführungen sei deswegen betont, daß wir unter „Wirklichkeit" und „Realität" eine Welt begreifen wollen, die als empirisch-selbstverständliche gilt, also die „Erfahrungsrealität".
(84) Novalis (Anm. 80).
(85) Brentano, Clemens: Godwi oder Das steinerne Bild der Mutter. In ders.: Werke, Band 2. Hrsg. von Friedhelm Kemp. München 1963, S. 258.
(86) (Anm. 85), S. 259.
(87) Bollnow, Friedrich: Der ‚Goldene Topf' und die Naturphilosophie der Romantik (Anm. 46), S. 223 ff.

Denkens bis hin zu seiner philiströsen Verkümmerung.[88] Die vierte Krise ergibt sich aus den genannten und betrifft die ästhetische Literatur selbst, für die nach neuen Formen gesucht wird. Exemplarisch für dieses Krisenbewußtsein mag Novalis' Reaktion auf Goethes ‚Wilhelm Meister' (erschienen 1796) stehen. Nach anfänglich positiver Beurteilung kommt Novalis im Jahre 1800 zu diesem vernichtenden Urteil: „W[ilhelm] M[eister] ist eigentlich ein Candide, gegen die Poesie gerichtet."[89] Mangelnde Poesie, Überbetonung von Verstand und Ökonomie bilden die Haupteinwände. Es entstehe lediglich ein „poetischer Effect", doch das „romantische geht darinn zu Grunde", „die Natur und der Mystizism sind ganz vergessen".[90] Ex negativo läßt diese Stellungnahme die Konturen einer romantischen Form des Entwicklungsromans durchscheinen, die Novalis in ‚Heinrich von Ofterdingen', seinem „Anti-Wilhelm-Meister", zu gestalten versuchte.

In seinen späten Ausführungen zum Goetheroman vermißt Novalis offenbar etwas, was er von Literatur schlechthin fordert – den Humor. Die Haltung des Erzählers zum Erzählten solle von diesem Humor bestimmt sein: „Humor ist eine willkürlich angenommene Manier. Das Willkürliche ist das Pikante daran: Humor ist Resultat einer freien Vermischung des Bedingten und Unbedingten."[91] Was Novalis als Humor bezeichnet, nennt Schlegel Ironie und kennzeichnet sie als eine Denk- und Darstellungsform, die den „Widerstreit des Bedingten und Unbedingten"[92] evoziert. Genau diese Evokation haben wir bei E. T. A. Hoffmann im ‚Goldnen Topf' vorgefunden, womit auch er Wirklichkeitserfassung über Ironie versucht, gleichzeitig aber auch zur Kritik an der Realität führt; denn alles, was der erfahrenen Realität entnommen ist, wird zum Ziel ironischer Betrachtung, wenn auch zuvörderst durch die Perspektive des Anselmus, der wiederum – als Mann in Atlantis – der Ironie ausgesetzt ist. Nicht einmal der Erzähler entgeht dieser ironischen Gestaltung. Es würde zu weit führen, die hier angelegte symbiotische Ambivalenz einer genaueren Betrachtung zu unterziehen. Verwiesen sei jedoch darauf, daß die ambivalente Gestaltung der Handlungsorte und die damit verbundene Bewegung des Protagonisten mit der Ironie korrespondieren. Bei Tieck war festzustellen, daß es nicht zu einer Evokation des Widerstreites kommt und somit die Wirklichkeitserfassung eine andere ist. Deutlich gestaltet sahen wir den Widerstreit von Bedingtem und Unbedingtem nur in Anselmus, womit der ‚Goldne Topf' den ästhetischen Kategorien des Novalis und Schlegels nahesteht und eine andere Epoche in der Romantik ausdrückt als das frühe Werk Tiecks.

1.2 Der ambivalent-antagonistische Geschehnisraum

Wie gezeigt, finden sich in den beiden Märchen ausgeprägte Unvereinbarkeiten der Geschehnisräume, wobei bei Tieck der Utopiegehalt fehlt, weil es keine Ansätze zur symbiotischen Harmonie gibt. Wir könnten weitere Beispiele antagonistischer, d. h. auf Unvereinbarkeit konzipierter Märchengestaltungen anführen, doch ist es wesentlicher, die grundsätzlichen Bedeutungen einer solchen Kompositionsweise deutlich herauszustellen: Das weitgehend statische Nebeneinander zweier Welten verdeutlicht einen unauflösbaren Dualismus, dessen Versöhnung nicht angestrebt werden soll. Die eine Welt kann gegen die andere ausgespielt

---

(88) Wawrzyn, Lienhard: 99 romantische Gedichte. Liebesleid und Natursehnsucht. Die Antiträume des Bürgers. Berlin 1978, S. 20 ff.
(89) Zitiert nach: Bahr, Ehrhard (Hrsg.): Johann Wolfgang Goethe, ‚Wilhelm Meisters Lehrjahre'. Erläuterungen und Dokumente. Stuttgart 1982, S. 328.
(90) (Anm. 89), S. 327.
(91) Novalis: Blütenstaub. Zitiert nach E. T. A. Hoffmann: Der Goldne Topf. Klett, Editionen, S. 108.
(92) Fragment 108 (Anm. 91), S. 107.

werden. Defizite einer Welt können so zwar aufgewiesen, aber nicht letztlich aufgehoben werden, denn es fehlt die Öffnung zwischen beiden Welten.

Ist der Begriff der Ambivalenz zum einen anzuwenden, wenn der Gegensatz betont wird, so gibt es andererseits eine Spielart der Ambivalenz, die von der fast völligen Abwesenheit der Erfahrungsrealität ausgeht. So fordert Novalis vom Märchen die gleiche Realitätsferne, wie sie im Traum vorhanden sei. Noch vorhandene Restbestände der Realität gehen in seinen Märchen nahezu vollständig in eine mystische oder mythologische Welt ein, so daß die Bewegung zwischen zwei Welten nicht mehr möglich ist.

Diese Entrückung der Figuren in einen gesellschaftsfernen Geschehnisraum kommt der Idylle, wie Schiller sie definiert, recht nahe: „Die poetische Darstellung unschuldiger und glücklicher Menschheit ist der allgemeine Begriff dieser Dichtungsart. Weil diese Unschuld und dieses Glück mit den künstlichen Verhältnissen der größeren Sozietät [...] unerträglich schienen, so haben die Dichter den Schauplatz der Idylle aus dem Gedränge des bürgerlichen Lebens heraus in den einfachen Hirtenstand verlegt [...]."[93] Die Idylle, deren Kennzeichen also u. a. Gesellschafts- und Realitätsferne sind, soll poetische Antizipation eines besseren Weltzustandes sein[94], wie sie in Tiecks „Waldeinsamkeit" denkbar war, aber verlorenging.

Die zwei Arten von Märchengestalten, die wir soeben erörtert haben, sind von einer Ambivalenz gekennzeichnet, die im Gegeneinander zweier Welten besteht. Einmal sind beide Welten explizit gegenwärtig, das andere Mal erscheint die eine als völlig getilgt. So entsteht entweder ein nahezu unversöhnlicher Dualismus oder ein eskapistisch anmutender Monismus.

1.3 Der ambivalent-symbiotische Geschehnisraum

Die Konstituierung ambivalent-symbiotischer Handlungsräume in der Romantik, das ständige Ineinandergreifen und die Fluktuation zweier Welten, führt einmal zum Aufbrechen einer dynamisch-zukunftsorientierten Perspektive, die wohl als Utopie bezeichnet werden kann. Zum anderen wird in ständiger gegenseitiger Verfremdung die Ambivalenz jedes Raumes sinnfällig, wodurch er sich selbst gleichzeitig mit dem anderen der Kritik aussetzt – bei Hoffmann äußert sich dieser Vorgang in ironischer Darstellung. Diese sich gegenseitig verfremdende Ambivalenz entspringt dem Versuch, den übersinnlichen Bereich, in dem die Naturgesetze aufgehoben sind, in eine poetische Wirklichkeit zu verwandeln, die – so paradox es ist – nur in einer realen gedacht werden kann. So gehen die reale und die poetische Wirklichkeit eine Symbiose ein.

Die Debatte um dieses Paradoxon durchzieht letztendlich immer wieder die theoretischen Überlegungen der Romantiker, entstanden aus ihrem Existenzgefühl. So schreibt Eichendorff, noch in der Spätromantik, über die Probleme der Poetisierung der Wirklichkeit, denn um nichts anderes handelt es sich letztlich, an den Lyriker Lebrecht Dreves: „[...] wo Sie nämlich von der Notwendigkeit sprechen, sich gegen einen ungelegenen poetischen Rausch zu waffnen (bin ich wehmütig berührt). Auch ich habe während meines langen Amtslebens beständig gegen diese Anfechtungen zu kämpfen gehabt. Aber es schadet eben nichts. Die prosaischen Gegensätze befestigen und konzentrieren nur die Poesie [...] erschaffen sie erst."[95]

---

(93) Schiller, Friedrich: Über naive und sentimentalische Dichtung. In ders.: Sämtliche Werke. Hrsg. von G. Fricke und H. G. Göpfert. München 1967. Band V, S.746.
(94) Diese antizipatorische Leistung spricht Benjamin den Romantikern allerdings ab. Vgl. hierzu: Benjamin, Walter: Ursprung des deutschen Trauerspiels. Frankfurt a.M. ²1963. passim.
(95) Eichendorff an Dreves. Zitiert nach Heide, Herbert von der: Innerlichkeit und Kritik in der Literatur der Romantik. Stuttgart 1979. S.108.

Kapitel V

1 Resümee

Gert Ueding zitiert in einem Band über den Zusammenhang von Literatur und Utopie aus Arno Schmidts Roman ‚Abend mit Goldrand': „Nur die Phantasielosn flüchtn in die Realität; (und zerschellen dann, wie billich, daran)."[96] In diesem Sinne gehören weder Tieck noch Hoffmann zu den Phantasielosen; vielmehr spielen beide souverän mit Elementen, die scheinbar unverstellt der Wirklichkeit entstammen. Und gerade dann, wenn die vertraute Realität in Ausschnitten Eingang in die Werke findet, erweist sich die Souveränität der Autoren, indem sie diese Wirklichkeitssegmente zu ästhetischer Erfahrung gestalten, d. h. zur Konstituierung einer fiktiven Welt gebrauchen. Damit wird ein Bild der Wirklichkeit entworfen, das der Konvention widerspricht und letztlich ortlos ist, d. h. utopisch.
„Literatur ist Utopie in dem gewiß sehr weiten Verstande, daß sie nicht identisch mit der Realität ist, die uns als Natur und Gesellschaft gegenübertritt. Sie ist Utopie in dem sehr viel präziseren Sinne, daß ihre Beziehung zu dieser Realität wie die der Erfüllung zum Mangel ist."[97] Die Plausibilität dieser beiden Thesen akzeptierend, ist unmittelbar einsichtig, daß sowohl Hoffmanns als auch Tiecks Werk Utopie darstellen. Wie aber verhält es sich mit der Utopiedefinition, die auf die Differenz zwischen Mangel und Erfüllung abzielt? Im ‚Goldnen Topf' zeigen sich die Konturen sehr deutlich: Der Mangel, der in der Realität zu herrschen scheint, wird geradezu komplementär im Werk aufgehoben; dieser Mangel besteht im Mythosverlust jener Zeit. Hoffmann geht im ‚Goldnen Topf' über eine nur kritische Auseinandersetzung mit diesem Phänomen hinaus, um in konstruktiver Weise den Mangel ästhetisch zu beheben. Hoffmann erweist sich also als guter Diagnostiker seiner Zeit und setzt nachvollziehbar am erkannten Übel an, um sodann eine ‘Therapie’ literarisch antizipierend zu leisten. Ästhetik erweist sich hier als Zukunftsorientierung, „als Einbildung der Zukunft und von Möglichkeiten, die zwar wahrscheinlich, aber noch nicht nachweisbar sind, weil ihnen noch keine historische Erfahrung entspricht".[98] Diese Auffassung von Ästhetik käme der Schellings nahe, indem sie die historisch-gesellschaftliche Sphäre mit der ästhetischen zusammenfallen ließe, eingedenk einer dem ganzen Universum innewohnenden Kunst.[99]
Genau diese Kontinuität von Lebenspraxis und Ästhetik gestaltet Hoffmann im Mythos, dessen Sichtbarmachung Aufgabe der Kunst ist. Insofern ist sein Werk Utopie im Sinne einer ästhetischen Mängelbehebung.
Eine solche Mängelbehebung strebt Tieck in seiner Novelle offenbar nicht an, denn die Utopie seines Märchens wird erkennbar lediglich in Form einer Nichtkongruenz mit der empirischen Welt. Sicherlich fehlt auch der Alltagsrealität, von der im ‚Blonden Eckbert' kaum mehr Rudimente zu spüren sind, der Mythos; doch wird nicht wie bei Hoffmann ein neuer geschaffen.
Die Schwierigkeit, Tiecks kleines Märchen unter den Kategorien, die für den ‚Goldnen Topf' Gültigkeit beanspruchen dürfen, zu betrachten, liegt schon darin begründet, daß es in einer eskapistischen Situation einsetzt. Damit ist die für Hoffmann konstatierte Kontinuität von vornherein nicht gegeben, wobei der genannte Eskapismus bereits eine erste Reaktion auf vorfindliche Lebenspraxis darstellt. Da Tieck andererseits in einem realitätsfernen Raum

---

(96) Ueding, Gert (Hrsg.): Literatur ist Utopie. Frankfurt a.M. 1978, S.13.
(97) (Anm. 96), S.7.
(98) Ueding (Anm. 96), S.86.
(99) (Anm. 96), S.98.

auch aus dem Alltag vertraute Personen handeln und noch mehr leiden läßt, schafft er ein Experimentierfeld mit utopischen Bedingungen. Die „Laborsituation" läßt jedoch keine Synthese, vielmehr nur Analyse zu, eine Analyse der Auswirkungen menschlichen Fehlverhaltens. Somit fehlt dem Arrangement die Möglichkeit des Schöpferischen.

Die Aussagekraft des Tieckschen Märchens ist also schwer mit der historisch-gesellschaftlichen Wirklichkeit zu verknüpfen, vermittelter jedenfalls als diejenige des ‚Goldnen Topfes', weil im ‚Blonden Eckbert' die Verbindung nicht hinreichend gegeben ist. Während Anselmus eine Himmelsleiter, die im Alltag verankert ist, regelrecht hinaufsteigt in einer beobachtbaren Bewegung, gibt es dieses Verbindungsstück bei Tieck nicht. Während also der Utopiegehalt im Sinne einer fiktiven Mängelbehebung bei Hoffmann im Prozeß einer continuatio zu denken ist, muß bei Tieck von einer negativen Utopie gesprochen werden. Gerade indem die Anordnung der Figuren und Geschehnisse im ‚Blonden Eckbert' von vielen konkreten Bedingungen absieht, werden die Verderblichkeit und das Zerstörerische bestimmter menschlicher Eigenschaften sehr deutlich. Je unvermeidlicher und drastischer die destruktive Kraft aber erscheint, um so schwieriger ist eine eventuell latent vorhandene positive Utopie zu entdecken. Letztlich aber scheint nur das Vertrauen auf einen waltenden Gerechtigkeitssinn der großen Weltordnung zu bleiben.

Während also Hoffmann den desillusionierenden und bedrückenden wirklichen Verhältnissen optimistisch den Spiegel einer besseren Welt entgegenhält, spricht Tieck diese Hoffnung nicht aus. Hoffmann gestaltet die Transzendenz in einer ausgesprochen transparenten Weise und sorgt damit für zumindest imaginäre Nachvollziehbarkeit. Die Atmosphäre des Gesellschaftlichen, die den ‚Goldnen Topf' kennzeichnet, macht deutlich, daß das Wunderbare in einem zwar kritischen, aber nicht gebrochenen Verhältnis zur Realität sichtbar und erreichbar wird. Anders bei Tieck: Zwischen der Gesellschaft und der — wenn auch schmerzlichen — Erfahrung des Idealen liegt die Melancholie der Trennung. Vielleicht ist es bezeichnend, daß in diesem Stadium statt Transzendierung Destruktion erfolgt. Insofern gehört Tiecks Märchen in der Tat noch dem 18. Jahrhundert an: „Der Mensch des 18. Jahrhunderts erlebt dies [die Zuwendung zum Unendlichen, die Verfasser] noch als Einzelner, der sich von seiner Gesellschaft separiert."[100] — Anselmus hingegen mag ein etwas linkisches Mitglied der Gemeinschaft sein, doch ist er kein Einsamer. Damit erweist sich der einsame Melancholiker als Produkt bürgerlicher Ideologie, der um 1800 immer anachronistischer wird, wie das Scheitern Eckberts andeuten mag.

2 Klausurvorschläge

2.1 Text: E. T. A. Hoffmann: ‚Der Goldne Topf', erste Vigilie
Aufgaben:
1. Geben Sie den Inhalt der ersten Vigilie wieder.
2. Analysieren sie die seelische Verfassung des Protagonisten Anselmus in der ersten Vigilie.
3. Versuchen Sie die folgende Aussage am Text zu belegen, und greifen Sie dabei auf die Ergebnisse aus der zweiten Aufgabe zurück: „So erlebt der Leser den Raum, als ob er selbst Anselmus wäre, und zwar in sprunghaften Veränderungen, im Gleichtakt mit den Fortschritten und Rückschlägen in der Entwicklung [...] des Studenten [...]" (Wührl, P. W.: Die poetische Wirklichkeit in E. T. A. Hoffmanns Kunstmärchen).

---

(100) Rehder, Helmuth: Die Philosophie der unendlichen Landschaft. Ein Beitrag zur Geschichte der romantischen Weltanschauung. Halle a. d. Saale 1932, S. 3.

2.2 Text: E. T. A. Hoffmann: ‚Der Goldne Topf‘, zehnte Vigilie (76, 26–77, 15)
Aufgaben:
1. Beschreiben Sie die seelische Verfassung des Studenten Anselmus sowie der Kreuzschüler und Praktikanten.
2. Ermitteln Sie Gemeinsamkeiten in der Weltsicht der Kreuzschüler und Praktikanten sowie der des Konrektors Paulmann und des Registrators Heerbrand. (Wählen Sie zum Vergleich Passagen aus der elften Vigilie.)
3. Erörtern Sie, inwiefern die Textpassage aus der zehnten Vigilie gesellschaftskritische Bedeutung hat und sich diese evtl. auf die bürgerliche Sphäre allgemein übertragen läßt. Stützen Sie sich dabei wiederum auf die elfte Vigilie.

2.3 Text: Ludwig Tieck: ‚Der blonde Eckbert‘, Seite 82, 30–85, 9
Aufgaben:
1. Beschreiben Sie das Verhalten Berthas, und ermitteln Sie die Motive, die sie zu diesem Verhalten führen.
2. Erörtern Sie, inwiefern Berthas Fehlverhalten als selbstverschuldetes dargestellt wird.
3. Setzen Sie sich mit der Aussage auseinander, daß die Märchennovelle ‚Der blonde Eckbert‘ die Schuld des Individuums Bertha zum Mittelpunkt habe.

2.4 Text: Ludwig Tieck: ‚Der blonde Eckbert‘
Aufgaben:
1. Beschreiben Sie den Weg Berthas und Eckberts.
2. Ermitteln Sie Parallelen und Unterschiede beider Wege.
3. Erörtern Sie, inwiefern Eckberts Weg der einer Sühne für Berthas Schuld sein könnte.

2.5 Text: E. T. A. Hoffmann: ‚Der Goldne Topf‘, vierte Vigilie
Aufgaben:
1. Kennzeichnen Sie Erzählsituation(en) und Erzählhaltung(en) der vierten Vigilie.
2. Erörtern Sie dabei die Frage der Fiktion.
3. Diskutieren Sie die Leistung der Erzählweise für die ironische Grundhaltung.

2.6 Text: Auszug aus dem Brief Hoffmanns an Kunz (103, 25–29: „Die Idee ... benutzt worden“) und von Schülern zu wählende Passagen aus dem ‚Goldnen Topf‘
    (für leistungsstarke Leistungskurse)
Fragen:
1. Inwieweit finden Sie die Aussage Hoffmanns im Werk bestätigt?
2. Welche Implikation hat diese Aussage für die Konzeption romantischer Literatur?
    (Belege aus dem ‚Goldnen Topf‘)

Anregungen für den Literaturunterricht

PEGASUS
KLETT

Bisher liegen vor:

Michael Ackermann:
Schreiben über Deutschland im Exil
Irmgard Keun: Nach Mitternacht
Anna Seghers: Das siebte Kreuz
Klettbuch 39904, 56 Seiten

Klaus-Michael Bogdal:
Geschichte in der Erzählung
Heinrich von Kleist: Michael Kohlhaas
Friedrich Schiller: Der Verbrecher aus
verlorener Ehre
Klettbuch 39908, 32 Seiten

Siegmund Geisler/Andreas Winkler:
Entgrenzte Wirklichkeit
E. T. A. Hoffmann: Der Goldne Topf
Ludwig Tieck: Der blonde Eckbert
Klettbuch 39909, 63 Seiten

Wilhelm Große:
Überwindung der Geschichte
Johann Wolfgang von Goethe: Egmont
Friedrich Schiller: Don Carlos
Klettbuch 39913, ca. 64 Seiten

Peter Haida:
»Freiheit« – das neue Lied
Heinrich Heine: Deutschland.
Ein Wintermärchen
Johann Nestroy: Freiheit in Krähwinkel
Klettbuch 39903, 49 Seiten

Brigitte Hauger:
Kontroverse Zeitgenossen
Georg Büchner: Lenz
Joseph von Eichendorff:
Aus dem Leben eines Taugenichts
Klettbuch 39912, ca. 64 Seiten

Brigitte Hauger:
Individualismus und aufklärerische Kritik
Johann Wolfgang von Goethe:
Die Leiden des jungen Werther
Friedrich Nicolai: Freuden des jungen
Werthers
Klettbuch 39911, 62 Seiten

Bertold Heizmann:
Der irritierte Bürger
Theodor Fontane: Frau Jenny Treibel
Wilhelm Raabe: Stopfkuchen
Wilhelm Raabe: Zum Wilden Mann
Klettbuch 39905, 47 Seiten

Thomas Kopfermann:
Soziales Drama
Georg Büchner: Woyzeck
Gerhart Hauptmann: Die Weber
J. M. R. Lenz: Die Soldaten
Friedrich Wolf: Cyankali
Klettbuch 39907, 72 Seiten

Volker Sack:
Zeitstück und Zeitroman in der
Weimarer Republik
Ödon von Horváth: Kasimir und Karoline
Irmgard Keun: Das kunstseidene Mädchen
Klettbuch 39902, 41 Seiten

Gertrud Schänzlin:
Frauenbilder
Ingeborg Drewitz: Gestern war Heute
Theodor Fontane: Effi Briest
Barbara Frischmuth: Erzählungen
Heinrich Mann: Eugénie
Klettbuch 39906, 38 Seiten